COMO FAZER JOGOS DE TABULEIRO

Manual Prático

Editora Appris Ltda.
2.ª Edição - Copyright© 2025 do autor
Direitos de Edição Reservados à Editora Appris Ltda.

Nenhuma parte desta obra poderá ser utilizada indevidamente, sem estar de acordo com a Lei nº 9.610/98. Se incorreções forem encontradas, serão de exclusiva responsabilidade de seus organizadores. Foi realizado o Depósito Legal na Fundação Biblioteca Nacional, de acordo com as Leis nºs 10.994, de 14/12/2004, e 12.192, de 14/01/2010.

Catalogação na Fonte
Elaborado por: Dayanne Leal Souza
Bibliotecária CRB 9/2162

L129c 2025	La Carretta, Marcelo 　　Como fazer jogos de tabuleiro: manual prático / Marcelo La Carretta. – 2. ed. – Curitiba: Appris, 2025. 　　185 p. ; 16 cm. – (Coleção Ensino de Ciências). 　　ISBN 978-65-250-7145-9 　　1. Jogos de tabuleiro. 2. Diversão. 3. Criatividade. 　　I. La Carretta, Marcelo. II. Título. III. Série. 　　　　　　　　　　　　　　　　　　　CDD – 371.337

Livro de acordo com a normalização técnica da ABNT

Appris editora
Editora e Livraria Appris Ltda.
Av. Manoel Ribas, 2265 – Mercês
Curitiba/PR – CEP: 80810-002
Tel. (41) 3156 - 4731
www.editoraappris.com.br

Printed in Brazil
Impresso no Brasil

Marcelo La Carretta

COMO FAZER JOGOS DE TABULEIRO

Manual Prático

Segunda Edição
(Revista e Ampliada)

Appris
editora

Curitiba, PR
2025

FICHA TÉCNICA

EDITORIAL	Augusto V. de A. Coelho
	Sara C. de Andrade Coelho
COMITÊ EDITORIAL	Marli Caetano
	Andréa Barbosa Gouveia (UFPR)
	Edmeire C. Pereira (UFPR)
	Iraneide da Silva (UFC)
	Jacques de Lima Ferreira (UP)
SUPERVISORA EDITORIAL	Renata C. Lopes
PRODUÇÃO EDITORIAL	Jhary Artiolli
REVISÃO	Cristiana Leal Januário
DIAGRAMAÇÃO	Andrezza Libel de Oliveira
	Marcelo La Carretta
CAPA E ILUSTRAÇÕES	Marcelo La Carretta
REVISÃO DE PROVA	Lavínia Albuquerque

COMITÊ CIENTÍFICO DA COLEÇÃO ENSINO DE CIÊNCIAS

DIREÇÃO CIENTÍFICA	Roque Ismael da Costa Güllich (UFFS)
CONSULTORES	Acácio Pagan (UFS)
	Gilberto Souto Caramão (Setrem)
	Ione Slongo (UFFS)
	Leandro Belinaso Guimarães (Ufsc)
	Lenice Heloísa de Arruda Silva (UFGD)
	Lenir Basso Zanon (Unijuí)
	Maria Cristina Pansera de Araújo (Unijuí)
	Marsílvio Pereira (UFPB)
	Neusa Maria Jhon Scheid (URI)
	Noemi Boer (Unifra)
	Joseana Stecca Farezim Knapp (UFGD)
	Marcos Barros (UFRPE)
	Sandro Rogério Vargas Ustra (UFU)
	Silvia Nogueira Chaves (UFPA)
	Juliana Rezende Torres (UFSCar)
	Marlécio Maknamara da Silva Cunha (UFRN)
	Claudia Christina Bravo e Sá Carneiro (UFC)
	Marco Antonio Leandro Barzano (Uefs)

Para todos os meus alunos.
Sem a pergunta, não existe sentido na procura pela resposta.

AGRADECIMENTOS

Adriana Ferreira, minha namorada na graduação, noiva no mestrado, esposa no doutorado. A melhor crítica que poderia ter por perto, e a melhor pessoa que eu poderia ter para o resto da minha vida. Amo-te mais do que ontem, menos do que amanhã.

Lipe e Nina, meus filhos, e melhores *playtesters* do mundo.

Minha mãe, Alda Cunha, por sempre me apoiar incondicionalmente em todos os momentos (inclusive nos que ela não faz ideia do que se trata).

A todos os professores da PUC Minas do curso de Jogos Digitais, em especial a Marcelo Nery. Sem ele, eu simplesmente não estaria no mundo dos jogos digitais e de tabuleiro, e esse livro que está em suas mãos não existiria.

A todos os meus alunos da PUC Minas, em especial Camilla Martins, Matheus Bigogno, Felipe *Miguim* Blaso, Juliano Almeida e Bruna Teixeira, por sempre acreditarem no projeto, e estarem sempre dispostos a ajudar nos seus momentos mais críticos.

Para esta segunda edição, meus mais novos e sinceros agradecimentos a Felipe *Miguim* Blaso, meu sócio/parceiro/grande amigo nesta eterna empreitada na criação e balanceamtno de jogos; Juliana Ribeiro, uma grande amiga da Belas Artes que se tornou minha melhor companhia na criação de Jogos Sérios (cujo humor ácido me faz em toda oportunidade um gamedesigner melhor); Suellen de Oliveira, parceira nas ideias malucas, como a criação de um Festival Nacional de Jogos de Tabuleiro.

E sempre, sempre, a ajuda incondicional dos alunos da PUC Minas, em especial Bea Mariano, Marielle Fidelis, Lapras Resende e Bryan Nóbrega, pela ajuda salutar no redesign dos novos jogos.

PREFÁCIO
Primeira Edição

Marcelo Nery
Coordenador da Graduação Tecnológica em Jogos Digitais,
PUC Minas - Unidade São Gabriel
Belo Horizonte - MG - Brasil
2018

RECEITA: JOGOS DE TABULEIRO

Ingredientes: um punhado de criatividade, muita paixão por jogos, uma pitada de loucura, dois dedos de comicidade, horas de *playtest*.

Modo de preparo:

Primeiramente, esqueça tudo que você conhece sobre jogos de tabuleiro – pelo menos aqui no Brasil até alguns anos. É que nas décadas de 70 e 80 as grandes empresas nacionais de brinquedos (e jogo NÃO é brinquedo, pois tem regras!) comercializaram alguns poucos jogos – de sucesso mundial – mas estagnaram na evolução e em acompanhar o mercado internacional. Mente limpa, podemos passar para a próxima etapa da receita.

Segundo: prepare o vasilhame e os ingredientes. Aqui está o passo a passo para se criar um delicioso *amuse-bouche*. Rápido, fácil, eficaz e que irá "divertir bocas", como deve ser um *amuse-bouche*: um exercício de imaginação do chef, servido para atiçar nosso paladar e nos preparar para o próximo prato. Assim, o método proposto pelo Prof. Marcelo La Carretta é excepcionalmente prático, inúmeras vezes testado e eficazmente comprovado por anos.

Mas porque um *amuse-bouche*? Esta metodologia produz jogos com muitas características dos chamados jogos euro-leves: poucas regras e estas simples, tematizado, com partidas curtas, iguais chances de vitória, redução do fator sorte e balanceado. Não que não sirva para jogos mais pesados, de horas de duração para cada partida e com cinco quilos de componentes... mas não é essa a proposta de um *amuse-bouche*... Quer fazer feijoada? Espere o próximo livro – que, com certeza, estaremos aguardando ansiosos.

Por fim, asse tudo por algumas horas em *playtest* e sirva abundantemente a todos.

Bon appetit!

PREFÁCIO
Segunda Edição

Paula Tessare Piccolo
Organizadora do livro Jogos de tabuleiro na educação
Designer Instrucional de Jogos
JEDAI Jogos na Educação
São José dos Campos, São Paulo, Brasil
2024

Eu tenho um conceito pessoal sobre a palavra BOM. Para mim, algo é bom quando é melhor do que eu conseguiria fazer. E esse livro, sortudo leitor, é BOM! E por alguns motivos.

Um deles, é que é raro encontrar pessoas que conheçam profundamente os jogos de tabuleiro e, mais ainda, os jogos de tabuleiro modernos. Depois, é pouco comum quem concorde que os jogos educativos falham em ser divertidos, embora uma dedução decorra da outra. Também concordamos que os jogos educativos acabam tirando ainda mais o brilho do jogo ao trazerem, em seus nomes, o propósito didático.

Ainda decorrente disso, La Carretta tem outra coisa em comum comigo e que pode ser resumida numa frase de seu livro: "Esqueça trilhas com perguntas". O autor milita em favor do professor aumentar seu repertório de jogos (enquanto jogador) e seu letramento em jogo - coisas que defendemos na comunidade de prática Ludus Magisterium, desde 2019.

Agora, o ponto crucial que faz a obra de La Carretta ser BOA: além de ter opiniões e (parte do) conhecimento dos quais eu compartilho, o autor sabe mais que eu, vai além, e nos brinda com seu conhecimento em Design!

Não entenda, por favor, que eu seja pedante, como se dissesse que quem sabe menos que eu não é bom. Não, longe de mim ser convencida! É que essa foi a maneira que encontrei de sempre aprender mais, de sempre me espelhar em outras pessoas, de perceber o quanto eu ainda tenho que trilhar. É um mecanismo de defesa para me afastar da zona de conforto e não considerar que eu já tenha conhecimento suficiente.

Com a obra de La Carretta, aprendi ingredientes e receitas de game design, level design, mecânicas e o mais legal - macetes! E tal qual na culinária (italiana, pelo menos) a riqueza do design de jogos está na simplicidade; com cacio e pepe é mais provável que a receita fique mais saborosa do que se lhe adicionarmos 10 ingredientes.

Desfrute do banquete que está por vir! E, sigamos os mandamentos do Chef Gusteau, de que "qualquer um pode cozinhar"! E, com a devida adaptação que a Dory permitiu (embora já tenha se esquecido), e ideia de Odair de Paula Junior, "continue a jogar"!

PREFÁCIO
Segunda Edição

Arnaldo V. Carvalho
Ludus Magisterium / LIMDA - Laboratório de Inclusão,
Mediação Simbólica, Desenvolvimento e Aprendizagem - UFRJ
Rio de Janeiro - RJ - Brasil
2024

O leitor deve imaginar que as receitas mais procuradas são sempre as que criam os melhores resultados com o mínimo de trabalho possível. No que se refere aos jogos de tabuleiro Marcelo La Carretta trouxe esse passo a passo que transforma uma ideia em algo real e prático: ao criar o método Quest 3x4, ele nos ensina que, com uma estrutura clara, qualquer um pode criar jogos funcionais, mesmo aqueles sem uma experiência formal em game design. Enquanto educador e membro-fundador da comunidade de aprendizagem docente Ludus Magisterium, gostaria de te contar que o livro que está em suas mãos causou *siricutico* nos professores: **como um livro podia ser tão simples e ao mesmo tempo tão rico?**

Me permitam voltar no tempo e contar como isso aconteceu. É que o mundo dos jogos é antigo, mas não faz muito tempo que uma avalanche de novos conceitos e práticas surgiu. Essa avalanche provocou na última década uma revolução interdisciplinar e elevou o estudo de jogos de tabuleiro e seu uso em educação a uma nova categoria de pesquisa e prática. Quando La Carretta escrevia a primeira edição de *Como fazer Jogos de Tabuleiro*, em 2017 esse movimento ganhava forma no Brasil, e lá estava ele como um pioneiro. Educadores, designers, psicólogos, comunicadores e outros profissionais haviam entrado em contato com o potencial dos jogos de tabuleiro e sua própria revolução para além do simples entretenimento. Mas sabíamos pouco uns dos outros – as iniciativas eram muito isoladas em "bolhas de realidade", e era comum uma certa sensação de isolamento, o que impulsionava desejo de trazer mais gente para o campo. Assim, estava eu oferecendo palestras e cursos sobre jogos de tabuleiro e educação para meus colegas da Pedagogia, enquanto La Carretta fervilhando em sua cozinha criativa, em meio a aulas e práticas do curso de jogos digitais da PUC Minas. Apenas dois grãos dentre algumas dezenas de professores dispersos pelo Brasil, buscando compartilhar com nossos pares sobre esse mundo encantador. O trabalho consistente e que envolveu a publicação de livros, organização de eventos e outros foi recompensada com um profuso aumento da circulação de ideias e nomes. Uma comunidade vibrante em torno dos jogos de tabuleiro e educação nasceu e sua síntese mais potente desde 2019 é o grupo Ludus Magisterium. Eu faço parte dessa geração inicial de membros da Ludus, e testemunhei quando *Como fazer Jogos de Tabuleiro* começou a ser lido e discutido entre os membros da comunidade docente.

Acompanhei como, aos poucos, profissionais da área de educação e jogos começaram a notar a obra. Desse momento, ainda guardo na memória a curiosidade que senti ao ver a capa do livro de La Carretta pela primeira vez: um livro "deitado", com um chef servindo... um jogo de tabuleiro; Um livro de "receitas de fazer jogos de tabuleiro"! Naquele momento, havia um abismo entre o repertório lúdico renovado por uma imensa gama de opções de jogos recentemente publicados, e a metodologia de criação de jogos em educação. Afinal, se a construção de jogos de tabuleiro é uma importante abordagem do variado campo da educação com jogos, é verdade que até a publicação de *Como fazer Jogos de Tabuleiro*, havia escassez de literatura capaz de atingir os professores com pouca experiência nessa área. Em outras palavras, um educador interessado em criar jogos de tabuleiro com os diversos elementos necessários para uma experiência ao mesmo tempo de aprendizagem socialização e diversão, teria que ler muito material técnico e atualizado dedicado ao game design, o que por vezes se tornava um passo exaustivo e difícil à maioria. Assim, embora já houvesse tantos novos jogos e possibilidades, na prática, a estrutura de criação mais utilizada continuou sendo a dos jogos baseados em uma monoestrutura dominante (trilhas com perguntas).

Para vários professores, *Como fazer Jogos de Tabuleiro* foi um divisor de águas. Este "Livro de Receitas" conquistou aqueles que buscavam uma estrutura prática e acessível para explorar o universo da criação de jogos, sem precisarem ser especialistas. Muito desse mérito se baseia na simplificação inteligente proposta por La Carretta e seu método Quest 3x4, que com uma breve introdução permite que os leitores logo se vejam prontos para colocar a mão na massa, tornando o livro uma referência indispensável. Além de apresentar um método, o livro também abraça uma filosofia de criação. Não apenas mostra como fazer, mas explica os porquês. Envolve praticar, testar, falhar e, assim, aprender. É, portanto, um manual procedimental que vai além das receitas. Quando a gente lê e observa o livro na forma de ação, a metáfora do cozinheiro da capa e suas receitas – a ser explicada mais adiante pelo próprio autor – dá mesmo vontade de enveredar por esse paralelo lúdico-gastronômico. Afinal de contas, jogar e comer, são prazeres que só existem porque existe o criar jogos e comidas.

Esta segunda edição de Como Fazer Jogos de Tabuleiro revela o amadurecimento de Marcelo La Carretta como autor, educador e designer. A cada página, ele revisita conceitos, ajusta proporções e aprimora elementos, demonstrando o quanto se dedicou a compreender e incorporar o feedback de seus leitores. Esse cuidado em cada detalhe é refletido, até mesmo, em seu jeito de escrever, que questionou o excesso de anglicismos e se tornou mais preocupado com ser acessível a leitores de diferentes contextos e áreas. Quanto ao método Quest 3x4, ele já havia provado ser uma receita prática e acessível para transformar ideias em jogos de tabuleiro funcionais. Mas o que era bom ficou ainda melhor, e assim ele ganhou novos elementos e nuances, e passou a ser ilustrado com exemplos ainda mais interessantes e diversos. Um dos principais avanços é um casamento mais harmonioso entre narrativa e mecânica. Em vez de um elemento decorativo que chega por último, a narrativa agora se apresenta como um ingrediente que orienta a mecânica, reforçando o tema e garantindo uma experiência de jogo mais imersiva. Ao desenhar uma metodologia de criação que conecta temas, habilidades e interação, La Carretta constrói uma ponte entre o ensino teórico e a prática lúdica, uma necessidade urgente no cenário educacional. É assim que o método Quest 3x4 se apresenta como uma oportunidade de gerar impacto social e fazer pontes entre ideias e pessoas. E se o método básico já permitia mais de 100 combinações, esta edição traz aprimoramentos que expandem as possibilidades ao infinito. E de bônus, o leitor também encontrará novos capítulos sobre como estruturar e vender suas criações (o famoso "pitch"). Assim, Como fazer jogos de tabuleiro é mesmo um banquete de possibilidades, tornando acessível o que antes parecia complexo e construir pontes entre a educação e o game design, inspirando professores e designers e outros profissionais a inovar continuamente.

Convido a você que me lê: aproveite cada página, cada sugestão, cada exemplo e experimente o prazer de criar um jogo. Que esta segunda edição, com seus sabores novos e aprimorados, inspire você a fazer do jogo de tabuleiro uma expressão de seu próprio olhar sobre o mundo. *Avant!* Prepare o avental, aqueça o forno criativo e sirva ao mundo os produtos do designer de jogos que vive em você

SUMÁRIO

INTRODUÇÃO 18
NOTAS - SEGUNDA EDIÇÃO...... 22

O QUE É UMA QUEST? E POR QUE USAR JOGOS DE TABULEIRO?...... 24

Para esquentarmos, um pequeno exemplo de como qualquer coisa pode virar um jogo: Canção do Exílio........ 28

PITCH...... 34

QUEST, ASPECTOS, DESIGN TRICKS........ 42
   1 ESPAÇO......... 44
      Os três designs Tricks para Espaço...... 48
   2 ATORES.......... 50
      Os três designs Tricks para Atores...... 52
   3 ITENS............... 54
      Os três designs Tricks para Itens........ 58
   4 DESAFIOS.... 60
      Os três designs Tricks para Desafios.... 62

A RECEITA DO MÉTODO..... 64
   1 CONCEITO USANDO A QUEST 3X4.... 66
   2 PESQUISA DE IMERSÃO................... 70
      Nota sobre os jogos da lista...... 77
      Nota sobre jogos clássicos........ 79
      Uma ajudinha nossa: os 6 essenciais..... 81
         1. Progressão 82
         2. Exploração.... 86
         3. Combate 90
         4. Deck............... 94
         5. Rogue Like.... 98
         6. Coop............. 102

Breve Explicação dos 6 essenciais....... 106

3 PROTÓTIPO EM MANUSCRITO..........110
    DICAS para pensar ANTES de começar a criar o jogo...... 111
    Um parênteses (ou um jogo) sobre Balanceamento..... 117
    Um parênteses (ou um jogo) sobre Temática.... 122

    Uma ajudinha nossa II: PLAYSET...... 128

    Jogo pensado E PROTOTIPADO? É hora do PLAYTEST! 144
    Ficha de PLAYTEST........ 151

4 PROTÓTIPO IMPRESSO..........152
    Hora de imprimir...........154
    Criando o protótipo final (versão Deluxe).....156
    Dicas para imprimir o protótipo final..... 157
    Jogo pronto! E agora?....... 160
    Então... E os direitos autorais?....... 161

NOTA FINAL DO AUTOR 162

Capítulo adicional:
CRIANDO PARA ADVERGAMES E JOGOS EDUCATIVOS......... 168

GLOSSÁRIO DE TERMOS.......180

Referências........184

INTRODUÇÃO

Marcelo La Carretta
Professor Doutor em Técnicas Audiovisuais
PUC Minas, Graduação em Jogos Digitais, Brasil

É cada vez mais comum a criação e o emprego de jogos de tabuleiro para dinamizar e exemplificar momentos da vida cotidiana, pois trata-se de uma das mais antigas, aceitas e eficientes formas de entretenimento.

"Qualquer um pode cozinhar",

dizia o personagem Chef Gusteau, na Animação *Ratatouille*. Porém falta, por vezes, uma 'receita de bolo' básica, um método mais prático, dando mais acesso ao ferramental para criação de jogos não só a gamedesigners, mas também a outros públicos interessados neste ofício, como pessoas envolvidas em Pedagogia, Psicologia, Comunicação e Marketing.

A estrutura que norteia a criação de jogos normalmente é feita com base em *contar* uma história, mas deve ser amparada na ideia que você não apenas vai assistir uma história, mas também *vivencia-la*, criando um maior sentido na experiência. Como grande parte da nossa educação básica de criação de narrativas é embasada em uma estrutura que prioriza a redação de histórias literárias, as famosas redações da escola, tendemos a acreditar que basta possuir uma boa didática linear e uma retórica para criar um bom jogo. Mesmo os gamedesigners experientes em jogos comerciais possuem essa "trava" narrativa, na qual a técnica da redação de uma história com começo, meio e fim delimitada linearmente prevalece por falta de uma técnica mais estruturada sobre como escrever para um jogo.

Resultante de uma pesquisa iniciada em 2014 e de metodologia aplicada anteriormente diversas vezes em sala de aula na PUC Minas, a proposta deste livro é sugerir um método de criação de jogos de tabuleiro baseada estritamente em uma narrativa de jogo, não linear, colocando em prática um entendimento sobre os apontamentos de Jeff Howard no livro *Quests*. *Quest* vem do latim *Questare* e significa procurar, dar uma olhada.

Jogar um jogo é uma procura pelo significado de uma ação.

Não necessariamente envolve uma história, mas sempre envolve uma narrativa, pois são eventos conectados dramaticamente.

Para fazer um jogo, não é necessária, à princípio, uma narrativa, e sim uma estrutura. Condicionamos então um tema aos quatro aspectos de uma Quest: espaço, atores, itens e desafios. Depois é que colocamos nossa narrativa, ao sabor de um tempero. Vamos mexendo para reduzir e acentuar o sabor dos *Design Tricks*, nossos truques para tornar a experiência mais interessante e divertida, servindo logo a seguir uma prova do nosso jogo ainda cru para ser degustado. E assim, vamos fazendo. Parece complexo, mas é simples assim.

Toda essa "receita de bolo" é descrita aqui. Passo a passo, este livro irá te ajudar a fazer um jogo de tabuleiro. O método Quest 3x4 é uma forma de simplificar o ato de estruturação do seu jogo, ou mesmo uma forma de analisar, como um raio-x, um jogo pronto. Acreditamos que quanto mais fácil melhor; portanto nossa receita segue umas regrinhas básicas:

• Servem para criar qualquer jogo, mas a prioridade aqui são jogos simples. As partidas devem durar 20 minutos. Fez um jogo que dura mais? Tenha em mente que ele pode servir para platéias mais preparadas, mas não para todos.

• Devem ser fáceis de serem reproduzidos. Trabalhamos com a ideia de que o nosso jogo pode ser impresso e jogado por uma pessoa lá no Japão a qualquer momento. Portanto valorizamos jogos feitos em folhas tamanho A4. Nada de grandes formatos e gastos maiores ainda. Pelo menos, por enquanto.

• Acreditamos que não é necessário, em um primeiro momento, um grande conhecimento de design para criar um jogo. Aliás, confunde-se muito a expressão design. Design é planejar algo, não necessariamente desenhar habilmente. Deixe a ilustração, a roupagem comercial, o acabamento impecável, para o dia que você tiver certeza absoluta que o seu jogo está pronto. Por isso, temos no fim deste livro uma base que usamos para criar jogos. Ela cabe em um tamanho A4, pronto para ser reproduzido inúmeras vezes. Basta esse material, canetinha, trabalhar tendo em mente a estrutura que o jogo precisa ter, e mãos à obra.

- A certeza que o jogo está pronto não depende de você. São necessários vários testes, com seus jogadores dizendo se o jogo está pronto ou não. Um gamedesigner amigo meu costuma dizer que todo jogo nasce como Benjamin Button: velho, cheio de manias, frágil. Só depois de uma longa jornada, ele começa a se parecer com o Brad Pitt.
- Ao longo do livro, temos seis jogos-exemplo e modelos para construir de forma mais rápida seu jogo. A ideia é facilitar ao máximo o seu trabalho. Quer mais modelos? Acaba de sair do forno o livro 2, com mais 20 receitas práticas! vale a pena dar uma olhada.

Para finalizar, vale ressaltar que o método Quest 3x4 permite mais de 100 combinações. Contudo, se juntarmos a criatividade, o propósito, o perfil comercial, o perfil educativo, e principalmente, seu desejo de fazer do seu jogo uma expressão da mensagem que você quer transmitir, ele se torna ilimitado em opções.

Seja bem-vindo ao mundo dos jogos! É um lugar onde cabe todo mundo.

NOTAS - SEGUNDA EDIÇÃO

Escrevo estas páginas no final do verão de 2025. Confesso que estou exausto, mas muito feliz. Afinal de contas, quando a Appris, a editora original da primeira edição, me procurou dizendo que estava esgotando os exemplares e precisava de uma segunda edição, logo fiquei animado com a expectativa de alterar certas coisas que já funcionavam muito bem, mas com o método, que era dinâmico e foi intensamente explorado de 2017 para cá, merecia uma repaginada.

Curiosamente, já estava trabalhando no segundo livro, que se debruçava em um ponto crucial que o primeiro havia levantado: oferecer repertório. Loucamente, nos colocamos aqui no Bureau de Board Games Infinito, o BB8, laboratório de pesquisa de jogos de tabuleiro da PUC Minas, em busca de criar o máximo de soluções malucas para expandir ao máximo os seis essenciais. Com isso, chegamos a mais 20 jogos exemplo e uma nova dinâmica de escolhas do método Quest 3x4, que foi batizado de Quest Narrativa. Isso estará no segundo livro, aguardem!

Porém, com a chegada da possibilidade de escrever — ou melhor, reescrever este livro — tivemos a apaixonada (e desvairada, como toda paixão) ideia de interrompermos momentaneamente essa pesquisa para sair em uma incursão louca e desvairada em melhorar os pontos que precisávamos para a segunda versão deste primeiro livro. Logicamente, momentos dele foram atualizados e reescritos, assim como toda a versão de segunda edição precisa ser. Por exemplo, ouvimos com muita atenção às críticas do primeiro livro, principalmente nas lojas que o vendem, relatando anglicismos exagerados. Talvez o fato de eu ser publicitário e, principalmente, não ter nenhum problema com línguas — já que sou uruguaio e domino particularmente bem o inglês — tenha me feito não perceber que realmente havia uma forçação de barra em termos de inglês. Tecnicamente, isso era interessante, mas didaticamente não é um bom caminho.

Agradeço especialmente a Juliana Ribeiro por me alertar sobre esse meu vício de aceitar termos em inglês para conceitos técnicos que o português já resolveu muito bem. É incrível como meu avô, o jornalista Carlos Olavo da Cunha Pereira, lá no século passado, também me alertava sobre os perigos de uma subserviência a outras línguas, sendo que o português resolvia quase tudo. Pronto, problema resolvido! Tentamos, nesta versão, diminuir ao máximo o uso da língua inglesa em locais onde não era necessário.

Por sua vez, notem que eu fiz as pazes com Quiz Games entre a primeira e a segunda versão deste livro. Em vez de apenas amaldiçoar jogos dessa natureza, procuramos, desta vez, oferecer alternativas para que sejam bons jogos de perguntas e respostas, e não apenas dizer (até de forma negligente) que eles não precisam ser feitos.

Quem viu a primeira versão do livro também pode notar que alteramos alguns jogos que estavam sendo analisados na primeira versão. Os jogos que eram muito difíceis de serem comprados, por estarem fora de catálogo, foram removidos do livro, e entraram jogos clássicos do nosso repertório nacional, como Detetive e Banco Imobiliário. Inclusive, no segundo livro, nos debruçamos ainda mais sobre esta questão, criando uma verdadeira linha do tempo da criação de jogos feita pelos seres humanos. Vale a pena dar uma conferida.

Saliento também que foram adicionados dois novos capítulos. O primeiro, incrivelmente, deveria sempre ter feito parte do primeiro livro: "Como criar um conceito rápido para demonstrar para os outros a sua ideia", o famoso pitch. O segundo trata de incursões interessantes sobre como e em qual momento inserir a temática no seu jogo. Sentíamos que essa parte estava faltando na primeira versão do livro, inclusive dando a sensação de que a incursão da temática nunca chegaria no seu jogo. Erro reconhecido e corrigido.

Para fechar, influenciados pelos 20 jogos do segundo livro, resolvemos repaginar os seis essenciais. Eles estão mais simples, mas poderosos e dinâmicos. Sua caixa agora lembra uma caixa de drops e, uma vez reunidos, ocupam menos de uma folha A4 em largura e altura, muito mais fáceis de serem confeccionados e carregados. (Ah, e agora também temos a explicação das regras no YouTube, tornando a experiência muito mais dinâmica e prática para quem quer aplicar o método dentro de uma oficina).

Para finalizar, vale ressaltar que este livro, que atravessou uma pandemia e foi amplamente aplicado em várias partes do Brasil nos trouxe feedbacks extremamente positivos. É lindo perceber como este método, que surgiu de uma pesquisa na PUC Minas, agora pode ser compartilhado por todos. Esse era o intuito do livro, e ficamos muito felizes de que esse intuito foi de alguma maneira realizado e está sendo um legado.

Sejam bem-vindos ao mundo dos jogos! Realmente é um lugar onde cabe todo mundo. Continuem dando feedbacks sobre este livro, pois uma pesquisa sempre é uma troca, e nunca deve ser declarada como finalizada.

O QUE É UMA QUEST? E POR QUE USAR JOGOS DE TABULEIRO?

A estrutura que norteia a criação de jogos normalmente é feita com base em *Storytelling*; um método amplamente amparado pelo teatro, pela narrativa clássica dos livros e, sobretudo, do cinema e TV. Mas, como diria Huizinga, o grande estudioso de jogos no livro Homo Ludens, *o jogo é uma experiência que envolve uma atividade e tem uma narrativa não linear por natureza*. Jogos tratam da tomada de ações frente ao que se está vendo e portanto são, por natureza, providos de dinâmicas e mecânicas que deveriam ser a prioridade na hora da criação destes. O objetivo deste livro, então, é apresentar uma metodologia baseada estritamente na criação por meio de uma narrativa não linear, com entendimentos do que é um jogo por meio da estrutura de Quests, apontados originalmente por Jeff Howard:

> Quest é uma jornada por meio de uma paisagem simbólica e fantástica na qual um protagonista ou jogador coleciona objetos e fala com personagens para superar desafios e alcançar um objetivo significativo.

Ou seja, a definição de Quest sustenta a existência de um mundo a ser explorado, a presença de um ator (que pode ser uma definição de protagonista ou uma versão participativa dos jogadores em forma de avatares) e finaliza citando a existência de um objetivo significativo, uma meta a ser alcançada. Podemos notar que Howard não distingue aqui um jogo de outros dispositivos narrativos, como filmes e livros. Howard acredita, então, que Quest seria uma ponte entre o Lúdico e o Narrativo, na qual os gamedesigners poderiam passar de um lado para o outro o tempo todo que precisassem.

Quest é uma palavra feminina, do latim, derivado de *questare*, que significa procurar, dar uma olhada. Ela é comumente confundida pelo seu homônimo em inglês, que significaria "a questão". Mas, curiosamente, ainda assim poder-se-ia definir dessa forma, já que o "questionamento" é um importante pensamento que move os seres humanos rumo a um objetivo qualquer. Outros dão ao termo *Quest* a ideia de missão a cumprir e refere-se, ainda, a termos em inglês *To Seek; To Look*. Porém nota-se que a tradução nunca busca o termo como um substantivo (*Seek* – a procura; *Look* – o olhar) mas como um verbo (procure; veja), sugerindo que uma Quest sempre é ligada a uma ideia de ação.

Partindo dessa inicial apresentação, passamos a uma segunda etapa, ao encorajamento de uma criação não linear por meio de uma didática que permita a criação de qualquer jogo com qualquer ideia ou material inicial. A ideia de usar Quests é exatamente a de quebrar essa complexidade, dando um método simples para a construção de um jogo. Jeff Howard, em seu já citado livro Quests, separa o sistema de um jogo em quatro aspectos possíveis:

- **Espaço**
- **Atores**
- **Itens**
- **Desafios**

"Espaço" corresponde ao campo reticulado onde o sistema é

montado; "Atores" são os habitantes (controláveis ou não pelos jogadores) desse campo reticulado; "Itens" são as coisas (palpáveis ou não) que cada ator precisa para atingir determinado propósito dentro do que ele procura no sistema e "Desafios" são os objetivos que dão identidade ao propósito do jogo, diferenciando um jogo de outro sistema interativo cognitivo qualquer. Uma vez identificado que existem aspectos que todo jogo deve possuir, fica mais fácil a tarefa de criação. A tarefa de separar o pensamento de criação em "aspectos a serem preenchidos", e não em "histórias a serem contadas" auxiliam, e muito, na construção de uma narrativa não linear.

A "história a ser contada" entra na maior parte das vezes em um segundo momento; na verdade, a *Temática* deve entrar logo após definirmos como o jogo abordará os quatro aspectos da Quest, e fecharmos o sistema do jogo.

Mas a Temática não deve entrar de forma apenas ilustrativa: a história deve servir ao *gameplay* do jogo, integrando-se aos aspectos escolhidos e até modificando sua mecânica original.

A *teoria do Conflito* e do Ator, exposta em forma de método pelos gregos, acaba sendo aplicada aqui em uma versão repaginada para um sistema de jogo. Afinal, sem conflito, na há narrativa. E conflito é, literalmente, a definição de jogo.

Salienta-se que esse método pode ser aplicado tanto para jogos digitais quanto para jogos de tabuleiro. Porém optou-se apenas pelo aprofundamento na criação de jogos de tabuleiro por ser uma técnica que pode, ao contrário dos jogos digitais, ser assimilada facilmente por não programadores. Jogos de tabuleiro, mesmo sendo uma prática antiga (e, ao olhar de alguns, infantilizada e perdida no tempo), têm tido na verdade um público cada vez maior, em parte amparado pelo *revival* dos Board Games na Europa (os Eurogames) no fim da década de 1970. Os *Indies*, jogos feitos de forma independente, com assinatura e autoria, complementam hoje o que podemos chamar de Jogos Modernos.

Soma-se à experiência de que jogos de tabuleiro levam certa vantagem sobre os jogos digitais para a nossa proposta, como podemos listar:

- não dependem de conhecimento em programação e nem maiores conhecimentos de design para serem criados;
- não precisam de energia elétrica ou suporte digital para serem jogados
- podem ser jogados em qualquer lugar;
- estabelecem relações interpessoais de forma mais clara entre os envolvidos (interação face-a-face): obrigam ao convívio direto, e suas regras tornam a tarefa mais harmoniosa;
- jogos de tabuleiro obrigam à organização física em grupos; Mesmo na atual virtualidade dos encontros (sim, dá para jogar jogos de tabuleiro online), exige-se na maioria das vezes a participação síncrona de todos.
- jogos de tabuleiro são um verdadeiro portal entre gerações: pessoas de várias idades convivem em sintonia neste campo. E jogos de tabuleiro notadamente não costumam ser alvos de críticas pelos mais velhos.

Normalmente, é uma experiência prazerosa reunir pessoas em uma atividade coletiva, e jogos de tabuleiro permitem essa dinâmica: as pessoas se olham nos olhos, tecem piadas internas, despem-se de maiores papéis sociais e hierarquias ao longo da partida. E tudo isso, propiciado por um suporte feito de cartolina e papel, que você pode fazer agora mesmo, em sua casa, sem nem fazer uso de um computador.

Pense nisso!

Para *esquentarmos*, um pequeno exemplo de como *qualquer coisa* pode virar *um jogo*

Para exemplificar melhor o que está sendo proposto por este livro, vamos criar uma Quest com um tema que, a princípio, não teria condições de ser rapidamente um jogo: um poema. A ideia é mostrar, por meio de um exercício dinâmico, que qualquer coisa, seja um poema, um filme, uma música, um jingle, um slogan ou mesmo uma ação de Marketing, pode virar um jogo, se pensado usando os parâmetros dessa forma metodológica.

No caso, o poema é "Canção do Exílio". Trago esse exemplo exatamente pela complexidade e distância que o poema pode representar em um primeiro momento.

Você se lembra desse poema?

Canção do exílio
Gonçalves Dias, 1843

Minha terra tem Palmeiras
Onde canta o Sabiá;
As aves que aqui gorjeiam,
Não gorjeiam como lá.

Nosso céu tem mais estrelas,
Nossas várzeas têm mais flores,
Nossos bosques têm mais vida,
Nossa vida mais amores.

Em cismar, sozinho, à noite,
Mais prazer encontro eu lá;

Minha terra tem palmeiras,
Onde canta o Sabiá.

Minha terra tem primores,
Que tais não encontro eu cá;
Em cismar – sozinho, à noite –
Mais prazer encontro eu lá;
Minha terra tem palmeiras,
Onde canta o Sabiá.

Não permita Deus que eu morra,
Sem que eu volte para lá;
Sem que desfrute os primores
Que não encontro por cá;
Sem qui'inda aviste as palmeiras,
Onde canta o Sabiá.

Passo 1: Interpretar, identificar releituras e pesquisa de imersão

Afinal, você não está criando a roda.

Sabem aquela citação do Lavoisier, "Na vida nada se cria, tudo se transforma"? Ela não era uma citação. Lavoisier defendia que se apropriou de um ditado popular chinês, só para experimentar o seu ponto de vista.

Neste caso, a saber:
Gonçalves Dias estava em Coimbra (Portugal) quando escreveu esses versos.

Existem várias homenagens e referências para a Canção do Exílio:

No Hino Nacional Brasileiro:
Do que a terra, mais garrida,
Teus risonhos, lindos campos têm mais flores;
"Nossos bosques têm mais vida",
"Nossa vida" no teu seio "mais amores."

Temos vários outros poemas que reforçam os versos de Gonçalves Dias:

Canto de regresso à pátria
Oswald de Andrade

Nova Canção do Exílio
Carlos Drummond de Andrade

Uma Canção
Mário Quintana

Vou-me Embora pra Pasárgada
Manuel Bandeira

Pátria Minha
Vinícius de Moraes

Sabiá
Música de Antônio Carlos Jobim, letra de Chico Buarque.

Todas estas homenagens reforçam a ideia original dos versos: saudades do local de origem e a certeza que seria mais feliz por lá. É de senso comum que todo conto, se bem contado, sobrevive ao tempo. Como um poema de 1843 sobreviveu? Pelas leituras, mas principalmente, pelas releituras.

Quando forem tratar de qualquer assunto, sempre é bom jogar um olhar sobre as interpretações que já foram dadas àquele tema. É um bom ponto de partida. Porém evitem ficar apenas nas releituras, sem buscar o original na qual essas releituras fazem a devida referência, sob pena de ficar raso nas suas próprias interpretações.

Passo 2: Identificar TAGS

O que é isso?

É como capturar um Brain Storm (tempestade de ideias): palavras soltas são colocadas em pauta para incitar a criação. Neste caso, vamos capturá-las, vendo que elas se repetem o tempo todo.

Minha **terra** tem **palmeiras**
Onde **canta** o **Sabiá**;
As **aves** que aqui **gorjeiam**,
Não **gorjeiam** como lá.

Nosso **céu tem mais estrelas**,
Nossas **várzeas** têm mais flores,
Nossos **bosques têm mais vida**,
Nossa **vida mais amores**.

Em **cismar, sozinho, à noite**,
Mais prazer encontro eu **lá**;
Minha **terra** tem **palmeiras**,
Onde **canta** o **Sabiá**.

Minha terra tem **primores**,
Que **tais não encontro eu cá**;
Em **cismar – sozinho, à noite** –
Mais prazer encontro eu **lá**;
Minha terra tem **palmeiras**,
Onde **canta** o **Sabiá**.

Não permita Deus **que eu morra**,
Sem que eu volte para lá;
Sem que **desfrute os primores**
Que **não encontro por cá**;
Sem qui'inda **aviste as palmeiras**,
Onde canta o Sabiá.

Então, as TAGS seriam estas:

lá e cá
Palmeiras
Sabiá
aves que gorjeiam e cantam
noite
sozinho

E geram estes resultados prováveis:

- história sobre nostalgia;
- quer retornar a qualquer custo;
- comparação superestima o local de chegada (legal criar uma desilusão aqui);
- deu pistas dos locais da jornada;
- uma jornada solitária;
- quer escapar de um local escuro;
- nesse local, tudo é estranho, deformado, longe do ideário. O herói simplesmente não se identifica com o local que ele está, por isso deseja retornar ao mundo inicial imaginado.

MARCELO LA CARRETTA

Passo 3: Identificar plataforma e gênero

Não necessariamente este é um passo 3. Na verdade, por vezes, este pedaço nem é um passo, e sim uma demanda (façam um jogo de plataforma para PC usando um poema)! Mas este caso sugere algo mais solto, para se pensar no seu melhor uso em um gênero de jogo, e sua melhor plataforma (suporte) para ser jogado.

Uma jornada que se faz sozinho? Logo de cara, podemos pensar em fazer um livro-jogo (aqueles jogos nos quais sempre no fim da página existe um "vá para a página 15 se quiser conversar com o dono da mercearia, ou a 22 se quiser explorar mais um pouco"), ou mesmo um jogo digital, como aqueles Action RPGs da série *Zelda*.

Ou, no nosso caso, temos que pensar em um jogo de tabuleiro. Um herói sozinho... Que tal um jogo solo? Jogos solo são jogos de tabuleiro criados para um único jogador. Seria bem interessante. Ou um jogo cooperativo, no qual os jogadores controlam quatro "medos e anseios", e o objetivo é levá-los para o fim do jogo, e eles jogam contra o tabuleiro. Já ficamos com vontade de largar tudo e criar esse jogo, já no passo 3. Mas temos mais trabalho pela frente.

Passo 4: Com base na narrativa explanada, criar os aspectos de uma Quest

A lembrar, temos quatro aspectos: Espaço, Atores, Itens e Desafios.

Espaço:

Vamos delimitar bem o lá e o cá. Lá é utópico; cá é sombrio, escuro.

O nosso personagem só avança ao conseguir entender o pedaço do terreno onde ele está.

O mundo como um todo é sombrio/morto. Escuro. Aves estranhas que gorjeiam pelo caminho. Mas, à medida em que ele vai progredindo, o mundo vai ficando mais colorido, mais amistoso.

Teríamos muitos "guardiões de limiar": personagens que atrapalham ou seguram o herói, impedindo por momentos a sua jornada. Espalhados por vários locais, como se fossem donos do lugar. Um jogo em fases!

Mas já estamos pensando nos personagens. Ou na falta deles. Imaginamos a fase inicial em um lugar escuro, onde nada tem vida, uma vila abandonada. O personagem principal sai de sua casa, disposto a sair daquele lugar horrendo e escuro. Ele tem que conversar com as poucas pessoas que ainda vivem neste local, para conseguir informações sobre como "sair do cá para ir ao lá".

Pensamos em um tabuleiro que vai sendo organizado em módulos, com espaços que são abertos somente quando os jogadores fazem determinadas ações. E cada módulo, mais colorido que o primeiro... Ou quem sabe, já que se trata de nostalgia, criar vários minijogos que são releituras de jogos antigos? Mancala, Senet, Ludo, escadas e Cobras... jogos clássicos podem se tranformar em fases.

Atores:

Já destacamos que esse pode ser um jogo solo, ou um jogo coletivo. Podemos pensar em um jogo como *Interpol*, no qual todos se voltam contra um único personagem.

O Sabiá é importante! Podemos ter ele como um grande guia, para no fim, revelar-se o grande guardião do local (algo como um *final boss* destruidor de sonhos). Ou, como melhor analogia, uma sereia que atrai as embarcações para o destino inevitável... veremos.

Tais primores, tais amores...

Atores transformados... pode ser uma grande ideia. O personagem principal está tão convicto que o lugar original não serve, que não consegue enxergar as pessoas como elas são na verdade. A vila pode se repetir, por exemplo, de forma mais colorida e mais habitada no futuro, quando o personagem a revisita já com outra percepção. Podemos transformar ao longo da partida as aves estranhas em sabiás, que passam a ajudar o jogador. Ou ele mesmo pode se transformar na partida! Tão cego em sua ambição, ele pode se tornar um espectro, tão qual o protagonista de Shadow of the Colossus. É uma boa ideia, espalhar pedaços dele que o atrapalham na progressão da partida.

Itens:

Como vencer a jornada no escuro. Amuletos que reiterem sua nostalgia.

Como ele navega no espaço? Como ele pode atravessar obstáculos? Coletar itens que auxiliem a ir para lá. Podemos criar amuletos, itens que são conquistados para avançar na partida. Seriam estes símbolos:

Palmeira, para lembrar o local onde ele quer ir;
Estrela, para saber como chegar, tal qual uma bússola;
Coração, para continuar acreditando na sua missão quando tudo parece perdido.

Ou talvez, colocar como condição de vitória conquistar tais itens pelo tabuleiro, sob pena de ter que transcorrer aquela fase até conseguir.

E, como item principal, teríamos uma tocha. Algo para ele navegar no escuro. Como no nosso caso é um jogo de tabuleiro, ele teria, por exemplo, que realizar uma determinada tarefa em um número limitado de turnos, senão o fogo da tocha se apaga e ele ficará sozinho no escuro.

Desafios:

Como desafio principal, temos o nosso herói precisando ir de um lugar para outro. Ele deve explorar o recinto, para que consiga reunir pistas suficientes para ir. Porém esse personagem quer retornar por pura nostalgia, e não pela saudade. Nostalgia é bem diferente de saudade. Saudade dá para matar, nostalgia não. Nostalgia é a saudade do evento que não ocorreu. Um *dolor de corazón,* como diria os espanhóis. Ou uma espécie de Transtorno Pós-Traumático, como diriam os psicólogos.

Ou seja, não seria interessante se, nessa história, ele não conseguisse atingir o seu objetivo inicial? Ou melhor, demonstrar que o seu lindo local de "Palmeiras onde canta o Sabiá", na verdade, era a mesma vila onde ele estava originalmente no começo de tudo?

Passo 4: Esquematizar, criar sketches, pensar nas mecânicas, rascunhar e balancear

Pelos passos acima, já temos muitas ideias de como criar um jogo (e não um novo conto, ou um novo poema, ou mesmo um filme). *Temos elementos de jogo.* E vamos trabalhar com eles.

Já dá para visualizar, somente neste exemplo, tabuleiros modulares, peões como moedas de duas faces, um marcador de nível de luz da tocha, terrenos com os objetos, chefões de fase como miniaturas de um RPG, que "dropam" os amuletos ao serem vencidos, cartas evento ditando os novos rumos da partida etc.

Mas, como formatar isso? Como criar um documento que explique de forma direta o seu jogo? Vamos então para um PITCH!

Vire a página...

PITCH

Como você vai mostrar este jogo para a pessoa que te pediu a demanda? Você percebeu a quantidade de ideias boas e malucas que surgiram do jogo até aqui (inclsuive, publicitários chamam isso de **brainstorm**). Você vai criar o jogo inteiro para só depois demonstrá-lo para um parceiro ou mesmo um investidor? Em um mundo cada vez mais conectado, ágil e (infelizmente) mais rápido e prático, um Pitch é essencial. Sua definição normalmente segue aquela velha metáfora de você, por um acaso, entrando em um elevador com um executivo que, por uma outra obra do acaso, está à procura de uma ideia muito parecida com a sua, e você tem do primeiro até no máximo o décimo quinto andar uma *chance de ouro* de convencê-lo que a sua ideia *vale ouro*. Você tem pouco tempo para expor a sua ideia, e o modelo que vamos mostrar a seguir tem APENAS UMA PÁGINA, ORGANIZADA. (e não seis páginas de ideias malucas, como expomos no nosso exemplo anterior) .

Em suma, um Pitch é um documento utilizado para convencer rapidamente os produtores a topar o jogo. E ele só tem cinco itens:

Título
Sinopse
Como jogar
Diferenciais
Imagens Conceituais

Vamos, a seguir, descrever cada um deles.

Título

Como o próprio nome sugere, é o título do jogo, o nome dele. Porém, temos que pensar de forma diferente. Não é apenas a alcunha na qual o seu jogo irá se chamar, trata-se de um batismo, um nome que irá perseguir o seu jogo para o resto da sua vida. E vamos combinar, alguns nomes fazem com que determinados jogos já nasçam natimortos... Como por exemplo, "Brincando de Matemática", ou "Sexualidade em Jogo". Aliás, nunca exalte o propósito de um jogo sério através do seu título. É um erro comum achar que o jogo deve enaltecer já de cara a sua retórica e para que ele veio ao mundo, numa tentativa desesperada de enunciar a sua importância.

Pense sempre que o título do seu jogo é o primeiro instrumento de venda do seu jogo. Por exemplo, procure catálogos de consoles antigos como Master System, Mega Drive ou Super Nintendo. O que sobrou às vezes daquele tanto de jogos que fazem parte daquele catálogo? Uma lista, seja alfabética ou por ordem de lançamento, não é mesmo? E quantos jogos você deixou de jogar exatamente porque o título não te atraiu? Nem preciso ir muito longe. Quantas vezes você desistiu de comprar um jogo de tabuleiro que parecia envergonhado da sua existência no fundo de uma papelaria ou de uma loja de brinquedos? Pior ainda quando este jogo vem acompanhado do sofrível slogan "divertido e educativo", como se um jogo tivesse a obrigação de sustentar esse slogan para ser considerado um jogo sério e, portanto, um jogo importante.

Mas então, como criar um bom nome do jogo? Não é tarefa simples, mas vamos para alguns passos. O primeiro deles é imaginar qual é a ação mais importante que o seu jogador irá executar na partida. Notem que a ação não é, por exemplo, aprender história, e sim investigar um cenário, por exemplo. Pensem no seu jogo como um ecossistema. O que é mais importante nele: a exploração, a travessia do cenário, ele é uma arena de combate? Seus personagens são a parte mais importante do seu jogo, o acúmulo de certos itens é que gera a vitória, ou a diversão está na situação criada por esse ecossistema? Dessas respostas, costuma sair o nome do jogo. Ou seja, é natural pensar o nome do jogo após preencher todo o pitch. É a mesma lógica de construção de uma redação que aprendemos na escola; primeiro produzimos o corpo do texto, e depois buscamos um título, na tentativa de buscar um nome que abrace da melhor forma possível tudo o que vem a seguir.

Outra solução interessante é observar seus companheiros de gôndola, ou seja, jogos já lançados para este público, para este mercado. Como eles costumam ser chamados? Eles costumam ter um nome composto ou é apenas um nome direto? Ele ressalta a lore ou a mecânica? Está em inglês ou na língua portuguesa? Se estamos falando de um público-alvo definido por um mercado, esqueçam tudo que se disse anteriormente sobre títulos horríveis como "Brincando com Matemática", se este título está sendo bem-sucedido na área pretendida, (infelizmente) é o título a ser copiado/seguido.

Logo depois, pela ordem, o que deveria ser preenchido agora é a Sinopse. Mas vamos deixar isso em suspenso por enquanto e ir direto ao tópico seguinte...

Como Jogar

O próximo tópico, então, é como jogar. Mais uma vez, cabe ressaltar que um jogo é sobre um ato do que a pessoa faz e não apenas uma história sendo contada. Aliás, é normal começar a preencher o pitch por aqui. Até porque este é o tópico mais difícil a ser preenchido, já que como jogar envolve a situação do jogo, o seu ecossistema, sua condição de vitória ou derrota, alguns itens que devem ser considerados para se atingir um objetivo, além de power-ups, inventários, mecânicas e (ufa) uma descrição breve ***do que eu faço ao jogar*** (o que chamamos na indústria de Core Gameplay). O desenrolar da partida é muita coisa, então, imagine sempre em um exercício de redução. Primeiro escrevemos tudo que achamos que um gameplay deve ter, e depois saímos cortando, emendando e finalmente diminuindo até encaixar o texto que precisamos.

Aproveitamos este tópico para salientar que todo pitch deve ter de preferência um estilo de fonte só e um tamanho de fonte apenas. Colocou em fonte 10, lembre-se que a sinopse, os diferenciais, também terão que estar no mesmo tamanho de fonte. Se não for feito dessa forma, dá a sensação de que um tópico é mais importante do que o outro, ou que algo foi preenchido com mais carinho do que outra coisa, o que é péssimo para o pitch.

Agora sim, podemos ir para a sinopse!

Sinopse

A sinopse é simplesmente responder à pergunta sobre o que é o jogo ao final das contas Também chamada de Lore, (ou Core Narrative). Aqui, quem te pediu a demanda quer saber se o seu jogo é interessante, e se a ideia é clara. Isso se completa na cabeça de quem está lendo o pitch: primeiro, eu sou apresentado rapidamente à história que vai ser contada e depois como vou vivenciá-la.

Ah, para jogos sérios, fica uma importante dica:

**Evite na sinopse já enunciar e bradar aos quatro ventos o propósito educativo do seu jogo.
Dá uma sensação de que o jogo em si não é importante, e o que importa é somente a mensagem!**

Tente buscar uma história interessante, algo que justifique a tomada de ações dos jogadores, e que enalteça a sua retórica. Já vimos muitos jogos sérios que descrevem a sinopse assim: "a demanda da cliente é tal, então, vamos fazer um jogo de tabuleiro de trilha, com cartas de perguntas e respostas e dados, que atenda essa demanda." Spoilers: já podemos adiantar que esse não é um bom jogo (sobretudo para quem irá jogar).

Então, onde coloco o meu propósito de retórica do jogo sério? Vamos para os diferenciais.

Diferenciais

Chegamos na parte que consideramos mais difícil de ser entendido deste documento. Diferencial é exatamente o que faz aquele produto merecer ser comprado em despeito aos seus coleguinhas. Um termo que se usa muito também na indústria, principalmente a norte-americana, é **Golden Nuggets**. Imagine um balde de coxinhas de frango. Golden Nugget seria aquela coxinha dourada e caramelizada, como se fosse de ouro, que você pega e percebe que ela é a escolhida no meio daquele balde de coxinhas. Eu sei, é uma referência muito esquisita, (principalmente para o Brasil), mas acho que dá para entender a importância de uma coxinha dourada no meio de todas as outras.

Como seu jogo se diferencia dos outros? Ou, para sermos mais sinceros, por que seu jogo deveria ver a luz do dia? Se você não quiser ficar nesse jogo perigoso de equivalência e comparação com outros produtos/jogos, é hora então de citar as mecânicas que você pensou. Como elas complementam e dão sentido à história e, principalmente, se for um jogo sério, qual é exatamente aquele intuito de ser divertido e educativo que não precisa estar gritando em um enunciado na caixa, mas que é interessante estar neste pitch para ser apreciado por todos os que querem produzi-lo? Aqui sim, podemos colocar como solucionamos as questões retóricas do projeto através de mecânicas e uma boa história que abraça tudo.

Artes Conceituais

Finalmente, vamos falar daquela área onde é necessário desenhar. Mas aqui não é exatamente um desenho, e não se preocupe caso você não seja um desenhista muito talentoso e esteja neste momento desesperado com a possibilidade de ter que saber desenhar tal qual o Michelangelo. Trata-se de esboçar, criar mapas de fases rápidas, esboçar personagens, desenhar de forma que as pessoas compreendam rapidamente qual é a ideia que está sendo pensada ali. Ou seja, está mais para o famoso plano infalível do Cebolinha, com setas, marcações e algo que não necessariamente precisa refletir qual é o design do jogo, mas sim a sua estrutura, a sua base, o seu esqueleto. Confunde-se normalmente a palavra design com a palavra desenho ou a palavra finalização. Design, a grosso modo, é sobre planejar. Então, quem desenha do ponto de vista do design é a pessoa que quer planejar aquilo da melhor maneira possível. Até porque, em um pitch (que pode ser aprovado ou não), é importante entender que as ideias devem ser expressadas rapidamente, sem comprometimento, sem se apaixonar tanto assim pela arte. Se a ideia não foi bem aceita, e o pitch foi feito rapidamente, igualmente rápido você pode mudar de ideia e partir para outro planejamento. Fora também que nesta etapa nada está decidido e (dependendo do projeto), nada ainda foi pago. Então, nada de tentar solucionar um problema que ainda não existe. Então, se atenha a criar rascunhos, mapas conceituais, ou qualquer outra coisa que sirva para ILUSTRAR MELHOR OS TRÊS TÓPICOS QUE ESTÃO POR ESCRITO NO PITCH (sinopse, como jogar e diferenciais). Afinal, certas ideias funcionam melhor ao serem desenhadas do que descritas em texto. Em suma, Artes Conceituais são a síntese daquela frase: "Você entendeu por escrito ou quer que eu desenhe?"

E assim, terminamos o nosso pitch! Olhe o modelo ao lado:

MARCELO LA CARRETTA

Pitch CONCEPT

Nome do Jogo:

Data:

Sinopse:

Como Jogar:

Diferenciais:

Draft da tela/tabuleiro/organização do jogo durante a partida

COMO FAZER JOGOS DE TABULEIRO: MANUAL PRÁTICO

PARA VERSÃO EM PDF: www.lacarreta.com.br/quest3x4

Aplicando o Pitch para o nosso jogo baseado em Canção do Exílio

A ideia é criar um jogo de progressão/trilha, que tenha uma base forte calcada na nostalgia, e que um personagem, sozinho, tente atravessar um cenário (ir de cá para lá), e por vezes é impedido por aves estranhas que gorjeiam.

Vamos condicionar isso nos espaços do nosso Pitch (e notem que vamos preencher essas lacunas em uma ordem que precisamos, e não na ordem final que ele se apresenta):

Diferenciais

Queremos um jogo que flerte com o imaginário popular de vários jogos consagrados. Vamos realmente usar releituras de jogos antigos, como Mancala, Senet, Ludo, escadas e Cobras. Isso por si só já é um diferencial. Citar também que é baseado no poema Canção do exílio, lógico.

Como jogar

Agora que sabemos o que queremos mostrar para o público, vamos pensar em como se joga isso. Será em fases, com cada uma representando a releitura. Ah, e será um jogo solo. Afinal, o personagem tem que estar sozinho. Por mais que possa ser jogado por mais pessoas, de forma colaborativa, queremos que o próprio jogo seja um empecilho para o jogador vencer a partida. E não se esqueça de citar os itens e os eventos.

Sinopse

Hora de contar para o produtor do que se trata o jogo. Podemos dizer que é um jogo baseado na canção do exílio, e dizer seus objetivos de forma clara e direta. Não é, ainda, um diálogo para o consumidor final. Mas trata-se de um diálogo persuasivo, para o produtor, então, é bom vender o peixe por aqui também, correto?

Título

Vamos dar o nome Canção do Exílio, numa referência bem direta? Eu particularmente gosto do que a poesia evoca, a uma **Nostalgia**. Então, vamos deixar Nostalgia como nome.

Imagens Conceituais

Lembre-se: é nesta hora que desenhar é esquematizar. São jogos clássicos? Desenhe. Tem eventos? Mostre onde ficam as cartas. E os itens, são cartas ou fichas? Mostre, mesmo que ainda não seja uma ideia clara. É progressão? faça uma trilha, com setas. Mostre que domina o que foi planejado, sem precisar elaborar muito.

Na página ao lado, temos um exemplo de como o nosso jogo pode ser...
E, logicamente, tudo pode mudar! Mas é para isso mesmo que o Pitch serve: planejar e nortear!

MARCELO LA CARRETTA

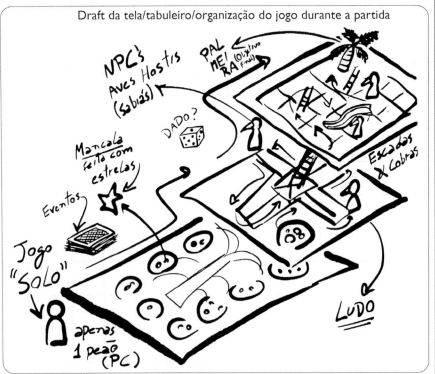

Pitch CONCEPT

Nome do Jogo: NOSTALGIA

Data: 01/01/2025

Draft da tela/tabuleiro/organização do jogo durante a partida

Sinopse:
Um jogo de progressão inspirado no poema "Canção do exílio", onde um personagem solitário atravessa cenários que remetem a clássicos da nostalgia lúdica. Em sua jornada, enfrenta desafios como aves estranhas que gorjeiam e tenta superar obstáculos enquanto busca seu destino.

Como Jogar:
O jogo é dividido em fases, cada uma reinterpretando mecânicas de jogos clássicos como Mancala, Senet, Ludo, e Cobras e Escadas. Jogado de forma solo, o objetivo é atravessar o cenário enquanto enfrenta eventos aleatórios e utiliza itens que ajudam ou atrapalham o progresso. Apesar de ser projetado para um jogador, há espaço para uma experiência colaborativa, onde o jogo em si atua como o principal oponente.

Diferenciais:
O jogo combina mecânicas clássicas de títulos consagrados, como Mancala e Cobras e Escadas, com elementos inéditos. Inspirado no poema "Canção do exílio", apresenta uma narrativa que conecta cultura popular e jogos tradicionais de forma direta e acessível.

AUTOR: Marcelo La Carretta. Feito sob licença Creative Commons (CC): Livre criação/produção/comercialização, desde que citada a fonte.

Mesmo com isso tudo, não conseguiu visualizar o jogo ainda? Não se preocupe! Como dissemos, esse método serve para todos. A seguir, vamos descrever um passo a passo, pensando puramente numa construção dinâmica de um jogo de tabuleiro.

QUEST, ASPECTOS, DESIGN TRICKS

Em resumo, este método consiste, então, em fazer uma leitura não linear de um tema e fazer uma interpretação dos seus sentidos, ou mesmo partir do oposto: pensar em mecânicas possíveis, e só depois pensar em uma temática que abrace esse sistema, complementando-o em sentido (para sermos bem sinceros, essa segunda opção deveria ser sempre a primeira).

Depois, vamos condicionar a nossa ideia original aos quatro Aspectos da Quest, e então usar um dos três *Design Tricks* de cada aspecto para construir um jogo de tabuleiro. Mas o que seriam Aspectos e Design Tricks?

Aspectos são o esqueleto da Quest. Suas características, sua "alma" entendida em cada pedaço.

Design Trick é um termo muito comum na área de design, e anda ganhando muito espaço entre os gamedesigners. Ele consiste no entendimento de que o que envolve a criação para um jogo não é norteado apenas pelo gênero, não é uma mecânica, não é um modo de gameplay, nem é um condicionamento de vitória/derrota; é isso tudo junto. Seriam "soluções e truques iniciais de gamedesign para o seu jogo", grosso modo. O intuito nosso de usar apenas três designs tricks para cada Aspecto não é, de forma alguma, delimitar o campo criativo, e sim partir do básico para, a partir do seu entendimento mais comum, rumar ou não para algo mais complexo.

A seguir, vamos apresentar de forma mais detalhada cada um dos quatro Aspectos que compõem uma estrutura de uma Quest, seguido dos seus três Design Tricks mais comuns.

1 ESPAÇO

O uso do Campo Reticulado, a visitação de um espaço (pelo menos de forma virtual), está intimamente ligado ao conceito de viver a experiência de jogo, pois a existência de "algo" (seja um conceito, uma ideia, ou uma narrativa) está intimamente condicionada ao local onde ele está, a um endereço, a um espaço físico que oferece condições para que esse "algo" resida ali. Em jogos, precisamos do espaço não apenas como norteador de tarefas, mas também como delimitador de ações.

Em jogos de tabuleiro, o espaço corresponde ao tabuleiro em si, mas podemos ir além, exemplificando, mediante jogos de cartas, que existe, sempre, uma área de jogo física delimitada. Porém, em todas as descrições dos espaços, precisamos deixar claras algumas pistas de identidade visual, limites de terreno e funcionalidades. O caminho a ser percorrido deve ter um bom design, convivente com o seu background; mas, antes de tudo, ele deve ser claro: ele deve indicar onde o jogador está, de onde ele veio e, por vezes, para onde ele deve ir para completar sua partida.

Existe ainda uma variável que, se bem aplicada, pode potencializar o jogo: chamada de *Rogue Like*. Consiste na construção de um cenário procedural por meio de tiles (peças) pré-dispostas. Comum em Eurogames, a construção de cenário faz com que um jogador experiente lembre rapidamente do já clássico jogo *Carcassonne*, mas a referência pode ser muito mais simples e antiga do que essa - o dominó. Um jogo feito em Rogue

Like funciona em duas etapas: a primeira seria bem parecida com a do jogo de dominó mesmo, encaixando as peças (ou cartas) que permitem ligações entre si. Em jogos digitais, programa-se para que o próprio jogo faça essa montagem, antes do início da fase ou ao longo dela. A segunda parte consiste em usar a área construída como cenário de jogo. Os jogos de tabuleiro, como um todo, não costumam ser pensados para usar essa segunda parte, fazendo da construção do tabuleiro em si a condição de vitória. Porém essas duas partes juntas, se bem trabalhadas, potencializam muito o jogo.

Como ponto forte, temos no Rogue Like a alta retrojogabilidade (condição que permite que uma partida seja sempre diferente da outra). Um ponto a ser pensado é o balanceamento da "aparição" dessas peças. Sem um balanceamento adequado, um cenário que penaliza o jogador, por exemplo, pode desenvolver-se logo no início da partida, tornando o jogo muito difícil ou impossível. Para evitar esse tipo de problema, é necessário criar uma forma de dar etapas para aparição de certas peças (por exemplo, só usar peças de nível 2 quando se esgotarem as peças do nível 1).

Outra maneira de se pensar nesse tipo de jogo é deixando uma parte fixa inicial (como se o tabuleiro fosse pequeno), necessitando ser complementado. E o oposto também procede: podemos partir de um tabuleiro finalizado, que vai aos poucos perdendo pedaços.

Podemos trabalhar também com a movimentação de um cenário previamente construído. A movimentação por sua vez tiraria espaços pré-fixados para inseri-los em outro lugar. Isso ajuda a tirar o jogo da previsibilidade, tornando a área do jogo bem instável. Só existe um porém para essa prática: se um jogador pode movimentar o terreno, ele pode simplesmente anular todas as possibilidades de outro jogador avançar na partida, acabando com a participação dele no jogo. Deve-se deixar sempre uma saída convencional caso isso ocorra. Exemplo: se o jogador na sua vez ficar sem a possibilidade de andar, pode se teletransportar para um ponto específico do tabuleiro que ainda existe, ou usar três ou quatro cartas de terreno e reconstruir um caminho para ele antes da sua jogada.

A seguir, listamos observações gerais que devem ser levadas em consideração na construção de um campo reticulado no formato de tabuleiro:

- Inscrições de partes do manual, por vezes, podem ser deixadas nos cantos do tabuleiro. A ideia é fornecer lembretes rápidos, que evitam que os jogadores tenham que recorrer ao manual sempre que em dúvida. Porém fica a maior das dúvidas: se devemos consultar o manual toda vez que uma ação está sendo feita, ou essa ação não parece natural o suficiente, ou a coerção natural imposta pelo design não está funcionando como deveria.

- Decks/slots podem coexistir em partes do tabuleiro. Por vezes, jogos não conseguem progredir bem por falta de maiores instruções sobre o uso do espaço. Slots vazios (normalmente representados por linhas tracejadas, um fantasma em tons de cinza ou uma cor esmaecida da peça faltante), podem ajudar na didática do jogo. Dependendo do público-alvo, são indispensáveis para organizar o espaço.

- O tabuleiro pode apresentar-se como um circuito, no qual os jogadores podem girar até estabelecer uma condição de vitória (ex.: duas voltas completas, ou coletar um certo número de itens pelo caminho). Só não se esqueça de criar uma maneira de marcar quando os jogadores completam a volta ou conquistam o tal item, pois essa é uma condição de status importante para verificar a vitória do jogador.

- O tabuleiro pode ter várias passagens de uma casa para outra mais afastada (tanto para progredir quanto para ser penalizado e voltar - caso do jogo Escadas e Cobras) O problema é o exagero: mal balanceado, pode penalizar um jogador azarado durante várias rodadas, e isso pode tornar o jogo enfadonho. O contrário também vale: muitas escadas ou uma escada grande demais faz com que um jogador vença facilmente o jogo apenas por sorte sobre os demais.

- O caminho não precisa ser necessariamente linear, podendo ter bifurcações ou atalhos. Lembre-se de balancear o jogo: se existe um atalho, deve existir uma penalidade severa dentro dele. Já os caminhos mais longos devem conter alguma recompensa. Ao usar bifurcações, é necessário criar setas indicativas para que os jogadores não se percam. Aliás, sempre é bom ter algum tipo de seta em jogos de progressão, para que os jogadores saibam o caminho do tabuleiro. Alguns inserem um design mais instrucional, mais coercitivo; outros colocam de forma mais didática números, indicando a progressão das casas.

- É interessante, também, colocar uma regra especial na casa ocupada por outros peões. Exemplo: o jogador pode ser impedido de "pular" ou ocupar a mesma casa do peão do adversário, tendo que andar em volta dele ou diminuir o número de casas que ia andar. Ou pior: ao cair em uma casa ocupada, a peça adversária volta para o ponto de partida e tem que começar tudo de novo (caso de jogos como Gamão ou Ludo).

- Chegar a certos locais do espaço pode depender do uso de outros aspectos da Quest, como itens e atores: O uso de uma chave pode dar acesso a um local trancado; o jogador que tem um personagem que pode nadar pode ser o único jogador que pode atravessar um rio.

Os três Design Tricks para Espaço

A priori, existem três possibilidades para o uso do espaço em jogos: *Progressão, Exploração e Combate*.

Progressão
Sei de onde saio, sei para onde vou.

Os que apresentam essa estrutura, basicamente linear, são os mais antigos jogos da humanidade. Existem exemplos ancestrais desse tipo de tabuleiro, como o *Jogo Real de Ur, Senet, Escadas e Cobras, Ludo, Gamão*, ou em um exemplo mais conhecido, o *Jogo da Vida*. Ele pode também estar no formato de um circuito, no qual cada volta modifica brevemente a partida, ou ter birfurcações.

A ideia parece simples: sabe-se de onde estou partindo e sei aonde quero chegar no tabuleiro para ganhar o jogo. Um jogo que usa um campo de progressão notabiliza-se pelo espaço bem marcado, que ajuda a orientar os jogadores aonde devem ir. Apesar de parecerem simples, o balanceamento das possibilidades faz toda a diferença entre um jogo divertido e uma simples administração burocrática do rolar dos dados e seguir em frente.

Exploração
Mundo aberto, onde posso explorar.

É o que mais lembra a estrutura de uma Quest não linear, pois nesse espaço dá para equilibrar todos os quatro aspectos (uso do espaço, atores com superpoderes especiais e/ou únicos, itens a serem conquistados e desafio equilibrado para cada novo espaço que é aberto), apenas espalhando-os pelo espaço. Mas, por isso mesmo, é um jogo mais complexo para criar, balancear e administrar. Focados em extrair recursos e regalias mediante uma movimentação livre, seus jogadores devem explorar todo o seu tabuleiro para conseguir a vitória. Como o foco estão nos itens a serem conquistados ao longo da partida (*Detetive* é um bom exemplo dessa mecânica), a condição de vitória costuma estar na obtenção de tais itens. Mesmo seu concorrente direto, o Scotland Yard, usa a mesma mecânica, porém condicionando a ideia de acúmulo de itens ao de acúmulo de informações.

Combate

Cenário a ser conquistado.

A condição de vitória de um jogo de combate é direta: elimine um adversário para conquistar o território. Pode ser capturando sua peça, neutralizando-a parcialmente por algumas rodadas, ou literalmente eliminando o jogador da partida. São jogos que costumam ser divertidos; mas, de novo, a regra de balanceamento é a mais importante. Se um jogador sentir que ele foi penalizado demais pelos outros jogadores, ele simplesmente abandona a partida (quem jogou *War* sabe bem disso). Portanto sempre se deve manter nos jogadores a ideia, mesmo vaga, de que qualquer um deles pode reverter o quadro e ganhar a partida. Criar um jogo de combate direto é relativamente simples: basta criar uma condição de vitória comum a todos os participantes e criar, a seguir, condições para que um jogador possa bloquear de alguma forma o objetivo do seu adversário. Podem ser todos contra todos, um em particular contra um jogador-alvo específico, times, ou todos contra um (logicamente, dando, a esse 'um', poderes suficientes para abater 'todos').

Vamos a um ponto digno de nota: jogo de combate, principalmente combate armado, costuma ser alvo de críticas (principalmente nos jogos digitais; no entanto, estranhamente, o mesmo não ocorre com frequência em jogos de tabuleiro. Jogos de combate costumam ser muito mais 'comerciais' e populares do que jogos cooperativos, por exemplo, e a explicação reside na própria ânsia bélica do ser humano. Desde que somos seres humanos conscientes, estamos a competir entre nós. E reside no jogo uma forma 'pacífica' de extravasar todo o nosso belicismo sem ferir de fato outros seres humanos. Não é por acaso que o nome 'jogo' vem da mesma raiz grega do 'combate, embate'. Diferente da visão simplista de que apenas estamos criando sistemas de treinamento para combate alienante, os jogos podem dar interessantes pistas de como podemos nos preparar taticamente para os grandes desafios do mundo real.

2 ATORES

Essenciais para dar vida aos jogos, os atores são as peças que podem parecer, em um primeiro momento, que servem apenas para marcar geograficamente o YAH (you Are Here) do jogador, mas acabam indicando o progresso da partida e, sobretudo, quem está ganhando ou perdendo.

Comumente, essas peças são chamadas de peões (aliado à ideia cultural de uma pessoa que "serve" a alguém), mas a comunidade de jogos de tabuleiro moderno condicionou chamar essas peças de *Meeples* (uma junção da frase em inglês *My People*). No entanto essas peças são por vezes uma verdadeira representação do jogador, uma personificação dele, seu avatar, e não necessariamente um serviçal. São essenciais para uma Quest e não existe jogo sem atores; pois, como disse certa vez o grego Aristóteles "Sem atores, simplesmente não existe narrativa."

Listamos, a exemplo do aspecto anterior, observações gerais que devem ser levadas em consideração na construção dos atores em um jogo de tabuleiro:

- Jogos até podem abrir mão dos peões/*meeples*, mas nunca conseguem abrir mão dos atores. Ou seja: se o jogo não tem peças, fichas ou cartas que representam o jogador, tenha em mente que *o ator é o próprio jogador*. Para exemplificar, basta lembrar do jogo *Twister* (e da "vergonha" que o jogador passa quando é ele – e não sua representação – que deve sofrer as consequências impostas pelo jogo). Por isso, abrir mão das peças e colocar as pessoas em ação deve ser uma questão tratada com cautela, pois nem todos se entregam facilmente a esse tipo de experiência.

- Os atores não precisam ser apenas peças coloridas, marcadores de onde você está, sem oferecer nada mais do que apenas uma localização geográfica. Uma coisa que torna o Xadrez, às vezes, bem mais sedutor que um jogo de Damas é o caráter particular e único de movimentação de cada uma das peças. Já em Damas, é realmente empolgante quando uma peça torna-se uma "superdama", percorrendo sob esta condição todo o tabuleiro de forma bem mais eficiente. Ou seja, fornecer superpoderes aos peões pode ser uma solução bem interessante para empoderar peças e, consequentemente, os jogadores representados por elas.

- Por ser um jogo, os atores sempre se dividem entre controláveis pelo jogador (PC) e não controláveis (NPC). É sempre um desafio transpor um NPC a contento para um jogo de tabuleiro, pois um dos jogadores deve, em algum momento da partida, renunciar à sua condição de jogador e se tornar o "sistema do jogo", jogando no lugar do que seria a IA (Inteligência Artificial) em jogos digitais. Esse é um ponto complexo.

- Como trata-se de uma narrativa não linear, mas que bebe do Storytelling, podem existir no jogo todos os arquétipos, estereótipos e tipos de personagens, comuns em uma história linear. Mas, por ser um jogo, eles podem ser espalhados pelo espaço. Uma partida pode se tornar bem mais difícil pela decisão dos jogadores de não procurar um mentor, por exemplo.

- Naturalmente, peões como marcadores comuns ganham superpoderes ao caírem em *Power Ups*, diferenciando-os momentaneamente dos demais peões do jogo. Mas atores como personagens podem fazer uso do *power up* como uma espécie de "carga do seu poder especial". Por exemplo: o jogador 1 é equipado com um *jetpack*, mas ele só voa ao pisar em um *power up*. Já o jogador 2 tem uma arma, mas ele só tem balas se ele entrar em um local específico.

Os três Design Tricks para Atores

Os atores podem se separar em três variáveis: *Marcadores*, *Personagens* ou *Customizáveis*.

Marcadores
YAH - You Are Here.

As peças neste caso são apenas uma projeção do jogador que as controlam. São realmente marcadores de posição e ajudam, de forma direta, a entender o YAH (You Are Here - Você está aqui) em uma partida.

Mas existe potencial em jogos que usam apenas marcadores coloridos. Em um Campo de Combate como o War, por exemplo, gera um sabor especial ver o tabuleiro inundado com a cor dos seus peões (e um desespero em quem está em menor número). Os marcadores têm uma função especial em jogos nos quais uma das condições de vitória é ter um número considerável de recursos e pessoas (meu povo = Meeple) em uma determinada parte do terreno.

Personagens
Nome e sobrenome, ônus e bônus.

Ao contrário do que normalmente se pensa, não basta apenas dar nomes e criar miniaturas bonitas aos peões para que eles sejam personagens. Praticamente não existe diferença tática entre a princesa Fulana de Tal e uma peça lisa de cor azul, a menos que a princesa de cor azul possa executar um movimento que nenhuma outra princesa pode executar no jogo. Esse é o ponto da apropriação/personificação de uma identidade. Ou seja, criar uma melhora estética aos Atores pode de certa forma ajudar a aproximar o jogador do peão no qual ele é representado, mas potencializar essa personalidade com um repertório de recursos (ônus e bônus por interpretar esse personagem) pode, de fato, transformar o ator em um objeto cobiçado para ser encarnado. Um ator deve sofrer as consequências de ser como ele é, para ser considerado um personagem de fato. Por exemplo, um perito em nadar deve ser o melhor em um lago e o pior personagem em um deserto. Isso cria uma interessante maneira de balancear um jogo, pois os papéis de protagonismo dos atores invertem-se a todo momento.

Customizáveis

RPG Like.

Nesta variável, peões podem começar comuns, até bem parecidos com os já citados marcadores, e vão sendo potencializados aos poucos, até tornarem-se personagens únicos, montados ao gosto do jogador. Trata-se de personagens que iniciam com poucas coisas ou sem nada, mas que podem ser aprimorados ao longo da partida com itens a serem conquistados ou sorteados; armadura, espada, um dom especial, mais vida, mais poder, uma lista de itens sob medida apenas para esse personagem, etc. Essa variável é difícil de ser entendida por pessoas que nunca jogaram o gênero RPG, porém é um dos mais interessantes se bem empregados. Quanto maior o poder do jogador em construir esse personagem, maior a sua identificação e mais apego a narrativa envolvida irá agregar.

Mas cabe o aviso: customizar não significa *mudar roupas*; significa **dar significado e personalizar AÇÕES na partida!**

3 ITENS

Os itens são instrumentos palpáveis para o jogador conseguir conquistar seus objetivos dentro do jogo. Não confundir itens com componentes, que são os dados, cartas, fichas, peões, enfim, o material fisicamente necessário para jogar o jogo.

Itens são os objetos (materiais ou não) que dão norte, oferecem opções estratégicas de movimentação, ajudam a executar determinadas ações, equipam os atores ou abrem determinados espaços. A função dos objetos é multifacetada: serve para nos dar uma sensação de proteção e conforto (escudo, amuleto), podem ser os que nos auxiliam na jornada (cordas), os instrumentos para conseguir certos feitos (espada, chave), podem chamar para a ação, ou reiteram o nosso objetivo (cartas, fotos), podem ser o pertencimento de algo impalpável, mas salutar para a progressão da partida (possuir um diálogo) ou simplesmente podem dar uma identidade reconhecível para construir um estereótipo didático do que estamos representando (machado, cajado, ou mesmo uma camiseta). Um objeto, ainda, pode ser a motivação em si da Quest (por exemplo, o Santo Graal, a Excalibur, o troféu cobiçado).

As opções em random, manifestadas por cartas embaralhadas e, principalmente, pelo uso dos dados, podem oferecer ao jogador algumas expectativas frustradas, pois criam eventos nos quais ele não tem o mínimo controle. Jogadores mais experientes (principalmente os que jogam muitos jogos modernos, os Eurogamers) tendem a desacreditar a presença de dados em um jogo, ou mesmo a técnica de inserir eventos aleatórios em um jogo como um todo, pelo simples fato deles eliminarem, de certa forma, o fator estratégico. Mas não precisa ser assim: se é verdade que o jogo imita a vida, podemos dizer que as situações em random são aquelas que você não tem controle na vida real, ou seja, as que chamamos de destino. Toda ação provoca uma reação, e a reação *são eventos que você simplesmente não controla.* O fator sorte é sempre colocado em evidência nesta discussão: em War, por exemplo, podemos citar o momento no qual o jogador anula um ataque adversário somente com sorte na rolagem de dados, mesmo que esse adversário o tenha atacado com uma quantidade absurda de força (vários peões posicionados para o combate contra poucos ou apenas um). Isso gera uma revolta do jogador que fez o ataque, pois ele acredita que, em situações da vida real, tal defesa seria impossível. Ora, a história das guerras da humanidade está recheada de situações nas quais, apesar de todos os prognósticos negativos, uma unidade de combate em menor número venceu a de maior número. E as razões para essa inesperada vitória podem estar nas mais complexas análises (variações de temperatura, chuva, indisposição do líder naquele dia, mudanças de ânimo causadas pelo calor da disputa etc.). Mas no fim, quase todas essas análises apontam para o fator sorte.

O problema reside então no balanceamento dessas ações e reações. Um 'defeito' admitido de outro clássico, O Jogo da Vida, é exatamente a falta de balanceamento dessas situações. Nesse jogo, os jogadores movimentam-se de forma randômica (uso de dados), acabam de forma randômica caindo em lugares que auxiliam ou penalizam, recebem cartas de sorte/revés de forma randômica e, com isso, sobra muito pouco espaço para a estratégia (a escolha da profissão que vai seguir, dos títulos que irá comprar ou da condição final de vitória). E a vida também não parece ser assim; acreditamos que ela não é apenas um fluxo fixo e inevitável, no qual não temos o mínimo controle. Isso cria um efeito negativo complexo, uma ideia de que o tabuleiro poderia jogar sozinho, sem a presença dos seus participantes humanos. Em suma, esse tipo de jogo no qual os eventos são quase todos aleatórios acaba gerando a famosa frase "joga para mim, vou ali e já volto."

Interessante notar essa crítica feroz ao randômico, ao aleatório, quando o maior defeito de um jogo, se me permitem a opinião particular, está em *confiar na honestidade* dos jogadores. *Batalha Naval* é o maior exemplo: Sem a honestidade, é um jogo impossível de ser jogado.

Quanto maior o controle das ações, mais interessante fica a gama de estratégias disponíveis para os jogadores, isso é um fato. Contudo deve-se equilibrar o jogo com situações não controláveis, seja no uso de itens que geram eventos aleatórios, ou na possibilidade de o jogador oponente conseguir criar este evento imprevisível. Aqui, então, reside a alma do que chamamos de balanceamento: um jogo no qual só existe estratégia pode se tornar extremamente burocrático; por outro lado, um jogo no qual só existe o elemento sorte/revés tira o protagonismo de tomada de decisão por parte dos jogadores, o que pode desanimar uma partida inteira. Mais tarde, falaremos com mais carinho sobre balanceamento.

A seguir, listamos observações gerais que devem ser levadas em consideração na construção dos itens em um jogo de tabuleiro:

- Ser simbólico e sucinto é importante. Uma confusão na função de um item por vezes está na solução de design que foi imposto ao objeto. Um jogo que deveria ser rápido na troca de itens, por exemplo, pode se atrapalhar em dinâmica por não apresentar ícones coerentes ou excesso de texto descritivo. Não por acaso usamos ícones do imaginário medieval até hoje: sabemos que espada ataca, e escudo defende, por exemplo. Falaremos mais tarde sobre isso (ícones instrucionais).

- Os itens podem ser coletáveis, ou podem ser apenas diretrizes, pequenas ordens que um jogador recebe ao longo de uma partida (descritas normalmente no próprio tabuleiro).

- Pode ser interessante a inserção de cartas-objetivo, servindo como *sidequests* (quests secundárias) para o objetivo final (chegar do outro lado do tabuleiro com uma chave específica, ou eliminar antes um adversário). Mais interessante ainda é equipar o jogador que conquistou tal objetivo com um novo superpoder especial, como acontece na versão de 2008 do jogo Risk. Permitindo um parêntese, é notável a diferença entre o War e o Risk neste quesito: enquanto o primeiro se resguarda na mecânica de esconder o objetivo de todos, o segundo trabalha na maioria das suas versões com a ideia de que todos perseguem objetivos comuns.

- Reiterando, é um erro pensar em um item apenas como um objeto palpável. Ter conversado com alguém, e por isso, possuir a conversa, ter posse da informação, é fundamental em jogos como Detetive, por exemplo.

- Podem coexistir no jogo itens randômicos, itens como *Power Ups* e itens dentro de um inventário, pois todas essas opções são, na verdade, opções de balanceamento, dinâmicas que o jogo precisa para ser equilibrado em condições para todos os participantes.

Os três Design Tricks para Itens

Dividimos os itens também em três variáveis possíveis: Power Ups, Inventário e Status.

Power Ups
Objetos de uso imediato e temporário.

Os *Power Ups* não são propriamente itens palpáveis, e sim diretrizes escritas em partes específicas do tabuleiro ou em cartas. Uma vez que o jogador com a sua peça 'pisa' nestes *Power Ups*, executa-se a ação descrita na mesma hora. O tabuleiro desse jogo deve fornecer elementos que propiciem ao jogador 'agraciado' poderes especiais, vantagens imediatas e de curta duração sobre os outros jogadores. Notem as palavras 'imediata' e 'de curta duração'. Se um jogador conseguir guardar esse superpoder para usar mais tarde isso não é *power up*, e sim uma variação de um inventário. *Power Ups* podem servir para vários propósitos, dependendo do timing em que eles se apresentam: pegar um *power up* de correr em uma estrada sinuosa é um problema, por exemplo. Oferecer uma pequena vantagem para um jogador que está perdendo, por sua vez, pode equilibrar novamente a partida.

Inventário
Objetos colecionáveis de uso tático.

O inventário tem como particularidade a ideia de que cada jogador possui uma mochila, um local para guardar poderes, magias, armas etc. A diferença é que o jogador escolhe quando e o que vai usar em determinada parte da partida, e isso gera um enorme fator de estratégia. Esse design *trick* pode se manifestar tanto em jogos complexos, com uso inclusive de um deck para organizar todos os itens; como também em simples jogos de cartas ou dominó, no qual se deve descartar todos os itens em um momento oportuno para ganhar a partida.

Por vezes, vale balancear o inventário com *Power Ups*/diretrizes de sorte/revés, para que o jogador seja

obrigado a 'dropar'/perder um item conquistado. Isso torna a partida mais interessante. Por outro lado, desbalancear propositalmente o jogo por intermédio de um item que apresenta uma larga vantagem sobre os outros jogadores pode tornar a partida mais rápida e dinâmica.

Status

Deck / HUD como marcador de situação da partida.

O Deck (uma espécie de ficha condicionada a receber itens) acaba sendo um instrumento pouco usado pelos jogos mais comercializados, mas é parte importantíssima em jogos de nicho mais específico, como os RPGs de mesa. Podem se manifestar de duas maneiras: como uma espécie de armário vazio, com espaços para itens a serem conquistados (jogos dessa natureza chamam-se Deck Building) ou uma imitação de uma HUD (Head Up Display), algo visto de forma mais frequente na interface gráfica de Jogos Digitais. A HUD, então, trata-se de um painel que mostra os marcadores de status, vida, magias, itens, dentre outras coisas que o seu personagem possui no jogo. Notem a grande diferença que existe entre os dois usos possíveis deste Deck: enquanto o modo "armário vazio" valoriza o acúmulo de Itens, o modo HUD privilegia os Atores. Uma HUD indicaria, por exemplo, se um personagem está morrendo "mais que os demais".

Por vezes, mistura-se muito a ideia de Status com o de Inventário. De fato, são duas coisas bem parecidas, com a diferença de funcionalidade: enquanto o inventário é relativo especificamente aos atores e são itens que são adquiridos e descartados da forma mais dinâmica (e estratégica) possível, o Status privilegia o andamento de toda a Quest e é mais usado para organizar os materiais que compõem o sistema da partida como um todo. Se ainda restaram dúvidas, jogue o exemplo que está na página 94. Esse é um Deck Building clássico. Sua função no jogo é *preencher* o armário, e não *usá-lo*. Veja também o jogo Coop, na página 102 no decorrer da partida, é possível compreender se os personagens estão ou não sobrevivendo apenas dando uma rápida olhada nos componentes do tabuleiro.

4 DESAFIOS

Sem objetivo, o que eu faço no jogo? O que devo fazer para viver a história a ser contada? Equivalente à teoria do conflito presente na construção de uma narrativa linear (como diria Aristóteles, sem conflito não temos história a ser contada), reside aqui a grande diferença que separa jogos de outros sistemas interativos: simulação X desafio.

Enquanto a simulação não precisa ter a função direta de dar um desafio ou uma grande questão universal a ser vencida aos seus usuários, o sistema de um jogo deve dar aos seus jogadores a existência de um perigo iminente e urgente, que precisa ser resolvido. Notadamente, esse aspecto simboliza 'a grande jornada' de uma Quest, o grande desafio a ser batido.

Existem duas estruturas iniciais, revistas pelo Jeff Howard, para construir uma jornada em Quests:

- ***Script Quest System:*** Narrativa em forma de Gameplay (Como o PC vivencia a história). Essa é a estrutura que mais lembra uma jornada do herói, aquela descrita por Joseph Campbell e popularizada por Christopher Vogler. Ela segue um script, um roteiro: uma história só vai sendo revelada ao chegar a certos espaços, ou vencer certos desafios. Use essa estrutura para construir uma narrativa que favoreça uma história contada de forma seriada, parecida com a da jornada do herói, contada em atos.

- **Quest System:** Uma Quest principal, várias SideQuests enriquecendo e potencializando a narrativa. Similar ao Script Quest System, a diferença está na presença de um mundo aberto, com mais participação do jogador na tomada de decisões sobre qual caminho seguir. Um caminho mais curto, com objetivos mais difíceis, torna o jogo simples. Um caminho mais longo incita o jogador a conhecer mais sobre o mundo que está sendo visitado. Use essa estrutura para construir uma narrativa que favoreça a livre exploração do sentido do jogo, criando possíveis interpretações. O jogador poderia ser penalizado por escolher não ir para certo local e, por consequência, não possuir uma espada para matar um monstro específico. Em contrapartida, deve-se dar ao jogador neste caso uma saída bem mais difícil, mas não impossível. Saídas impossíveis acabam criando uma linearidade de tomada de decisões. Ou seja, o Quest System torna-se apenas um Script Quest System cheio de opções inúteis, perdendo o sentido e o peso do momento da escolha (chamamos esse sistema com problemas de interação de Escolha Sábia – no qual uma única solução possível apresenta-se para progredir no jogo, e as outras se revelam apenas opções de distração, quase inúteis).

Os três Design Tricks para Desafios

Dividimos os desafios também em três variantes: Kill Quest, Coop Quest e Fedex Quest.

Kill Quest
Eliminar algo para avançar.

Visto com frequência em jogos competitivos, a Quest consiste em eliminar algo para avançar e obter a vitória. Use esse desafio para construir uma narrativa que favoreça a eliminação inevitável de algo para se alcançar um objetivo. Interessante ressaltar que, inevitavelmente, a Kill Quest acaba se misturando com frequência com os outros dois design tricks desse aspecto. Uma cooperação provisória pode surgir na partida para eliminar um desafio que ele não consegue eliminar sozinho; para escolher de forma mais eficiente um item, pode-se tentar neutralizar, ou mesmo eliminar, um adversário. Essa mistura acontece pela própria natureza de um jogo, onde é sempre inevitável o embate, o conflito, o confronto.

Coop Quest
Cooperando, todos contra alguém.

Ao contrário do jogo no qual os jogadores são vistos como adversários a serem batidos, esses jogos precisam da cooperação entre os jogadores para se alcançar a condição de vitória. Mas deve-se sempre lembrar que existe um adversário a ser combatido, mesmo nesse tipo de jogo. Neste caso, o adversário a ser batido acaba sendo o próprio jogo de tabuleiro.

Jogos cooperativos são complexos de serem feitos, pois exige-se muito da IA (Inteligência Artificial) de seu sistema. Fazer um jogo assim exige que o tabuleiro movimente-se em um turno especial contra os outros participantes, como se ele mesmo fosse uma inteligência independente, que tenta impedir os jogadores de alcançar seus objetivos. Ou seja, algo muito difícil de ser conseguido por gamedesigners de primeira viagem. Neste caso, aconselhamos fortemente uma visita ao repertório do gamedesigner Matt Leacock; seus jogos *A ilha proibida* e *Pandemic* são excelentes exemplos de jogos onde a IA trabalha de forma impactante na partida. Vale a penas visitar também os modos solo de alguns jogos (eu particularmente fico abismado quando um jogo consegue ser 1-10 participantes).

Este tipo de jogo deve ser equilibrado com eventos; Seja uma personagem que se movimenta em resposta quando os outros jogadores fazem uma determinada ação, cartas com eventos que vão dificultando o jogo, ou mesmo pedaços do terreno que vão sumindo no desenrolar da partida. Porém, reside *no comportamento dos Atores frente ao desafio* a condição de cooperação: à princípio, segundo essa premissa, é interessante pensar que qualquer jogo Kill pode se tornar Coop, basta empreender de forma invertida a mecânica do embate (*ajudar ao invés de atrapalhar*, e dar a função de *atrapalhar* ao sistema do jogo).

Umas opções para esse tipo de design trick é a construção de um jogo que promova equipes contra outras, ou a investida de vários jogadores contra apenas um (caso por exemplo do jogo Interpol). Use esse desafio para construir uma narrativa que favoreça a construção de coletividade, aliança e trabalho em equipe. Porém, se preocupe em tornar a cooperação vantajosa para todos os participantes.

'Fedex' Quest
Carregar algo de um lugar para outro.

Nem sempre precisamos, primordialmente, enfrentar algo para avançar em um jogo. A justificativa pelo nome incomum é a tarefa dada aos jogadores de carregar uma encomenda, tal qual os correios.

Use esse desafio para construir uma narrativa que implique buscar respostas, ou pequenas tarefas que fortaleçam o sentido da busca. A Quest pode ser o descarte de itens (ou seja, entregar todas as suas cartas em um monte), ou pode ser mais simples ainda: carregar seu peão para entregá-lo na chegada de um tabuleiro de progressão.

A RECEITA DO MÉTODO

Em resumo, a receita é a seguinte: pegue apenas um design trick de cada aspecto (ou sorteie os seus design tricks, surpreenda-se); estabeleça um sistema e mecânicas compatíveis com os seus aspectos escolhidos; misture bem com a sua Temática, adicionando e temperando com pequenas doses de *game juices*, de histórias, de narrativas engajadas; para fechar, cercar o bolo, ops, o jogo, com o círculo mágico, criando uma identidade visual coerente com o tema, com um design coercitivo para que seus jogadores não se percam, e feche a caixa com instruções de uso bem diagramadas e fáceis de acompanhar. Simples, não?

Sabemos que não é tão simples. Mas estamos aqui para dar uma ajuda.

Aliás, é nesse capítulo que chega a nossa principal ajuda: temos o método explicado em etapas, jogos comerciais explicados sob o método para dar exemplos, jogos base para criar repertório, Modelos para montar o seu jogo e uma ficha de playtest para testar o seu jogo, além de dicas de prototipagem, balanceamento, design etc.

PASSO A PASSO
VAMOS CRIAR?

Vamos dividir o nosso método em etapas:

```
1 CONCEITO USANDO A QUEST 3X4.... 66
2 PESQUISA DE IMERSÃO.... 70
    OS 6 ESSENCIAIS.... 81
3 PROTÓTIPO EM MANUSCRITO.... 110
    PLAYSET..... 128
    PLAYTEST!... 144
4 PROTÓTIPO IMPRESSO... 152
```

CONCEITO USANDO A QUEST 3X4

Quest 3x4 é, então, uma espécie de "retrato falado" de um jogo. Com a preocupação inicial de contar uma história colocada de lado por um instante, vamos nos focar em criar ou analisar um jogo tão e somente por meio dos atributos que fazem dele um jogo. Para isso, o método disponibiliza um diagrama.

Mediante um diagrama 3x4 montado na mesa, com as cartas (que estão disponíveis nas próximas páginas), vamos identificando quais atributos gostaríamos de ter na nossa ideia de jogo. Ou pode-se partir de um sorteio mesmo, com estas cartas viradas para baixo.

Pelo diagrama, um matemático pode te dizer que temos 81 probabilidades de cruzamento de design tricks (aliás, um matemático te diria que é um diagrama 4x3, e não 3x4. invertemos nossa leitura de diagrama propositalmente, para dar melhor a ideia de um retrato falado mesmo).

DIAGRAMA DO MÉTODO, ONDE AS LINHAS REPRESENTAM CADA UM DOS QUATRO ASPECTOS DA QUEST, E AS COLUNAS OS TRÊS DESIGN TRICKS DE CADA ASPECTO.

Voltando às contas: Temos, então, apenas 81 jogos possíveis somente usando uma combinação simples. Mas temos, na verdade, combinações praticamente infinitas, graças às inúmeras variações de interpretação que cada design trick permite (um *coop quest*, por exemplo, pode se desdobrar em todos contra o jogo, times contra times, ou mesmo todos contra um). E sem contar, ainda, que o uso de um design trick não anula totalmente a implementação de partes de outro design trick do mesmo aspecto (o uso de *Power Ups* e coleta de itens, por exemplo, ou mesmo um *Fedex Quest* com pequenos *Kill Quests*). O diagrama é apenas uma base, a "planta baixa" de mecânicas e tipos de *gameplay* amplamente customizáveis, o que o torna, visto dessa forma, praticamente infinito de possibilidades.

Quando usamos esse diagrama para montar um jogo, acabamos escolhendo se ele tem mais aspecto de uso de espaço do que interação entre os atores, quais os seus desafios diretos e indiretos e como funcionam dentro do jogo os itens a serem usados ou conquistados. Ou seja, pensamos em *jogo* enquanto *jogo*.

De qualquer forma, esse método cria uma ideia invertida sobre o que se pensa sobre criação de jogos; parte-se do jogo em si e depois que se pensa em uma temática que vai absorver de forma ideal essa mecânica, complementando-a não apenas esteticamente, mas dando *background* e sentido. Vale lembrar que prevalece a ideia de 'menos é mais', inclusive nesse método. Procure sempre usar apenas um design trick de cada aspecto, e desconfie se você identifica muitos design tricks em seu jogo: isso significa que o seu sistema de jogo está se tornando complexo demais.

Então, nesta etapa, o caminho é: **Sortear ou escolher apenas um design Trick de cada um dos quatro aspectos.**

Por exemplo:
EXPLORAÇÃO;
PERSONAGENS;
POWER UPS;
FEDEX QUEST.
Só de sortear esses aspectos, a mente já começa a trabalhar e pensar "da maneira correta": ***pensar em um jogo somente a partir de jogos***.

Para fechar essa explicação, vale ressaltar que o método vale também para **analisar jogos**. Existe um jogo já em processo de criação? Coloque-o nesse diagrama e veja melhor o que você está fazendo. Ou pegue o seu jogo favorito e coloque-o nesse diagrama; rapidamente, percebe-se o porquê de você gostar tanto do jogo. Tem um jogo que você considera truncado, quebrado demais? Usando o diagrama, você percebe o porquê dele ser esquisito para você.

Nesta página temos a versão do diagrama em cartas, para xerocar, montar e usar.

Pegue estas cartas em PDF também pelo site:
www.lacarreta.com.br/quest3x4

MARCELO LA CARRETTA

PESQUISA DE IMERSÃO: JOGANDO JOGOS PARA PENSAR SOBRE JOGOS

Neste segundo momento, parte-se do pressuposto de que os criadores de jogos precisam jogar bastante e jogar com mecânicas variadas, para ganhar repertório e pensar sobre seu próprio jogo. Porém engana-se quem pensa que é apenas pelo repertório. Você pode ter jogado vários jogos em sua vida e, provavelmente, alguns deles mais de uma vez. Então, a ideia aqui é criar um *ambiente* para pensar sobre jogo. Dentro dessa pesquisa de imersão, estamos criando uma atmosfera de pensar o tempo todo sobre mecânicas de jogo só pelo fato de estarmos jogando. Seria o equivalente a ver muitos filmes e, no meio deles, acabar pensando em uma ideia sobre o seu próprio filme. É o caminho mais saudável e fascinante da **Cultura Fandom**: o entusiasta que vira cineasta. E o mesmo vale para jogos; quanto mais jogos você conhece, mais apto para fazê-los você está.

Os jogos analisados a seguir são os mais comum que podem ser encontrados. Para facilitar o seu uso, inserimos antes da análise o diagrama 3x4 que identificamos das suas propriedades, seguido de breve análise para justificar o seu uso nessa dinâmica. Alguns possuem umas regrinhas caseiras, para potencializar, destacar algumas mecânicas ou tornar o gameplay mais dinâmico. Notem que os jogos desta lista são simples, mas não simplórios. Depois falamos sobre as escolhas desta lista.

Jogo da Vida (Life)

Estrela/Hasbro

O Jogo da Vida é um dos mais antigos desta lista, criado por Milton Bradley ainda no século retrasado. Ele apresenta uma maneira interessante de reinterpretar a "Corrida das Virtudes", uma ideia também encontrada em jogos como o Jogo do Ganso, Escadas e Cobras e o Ludo indiano. Todos compartilham a mesma temática: uma jornada simbólica em busca de uma vida plena e bem-aventurada.

A inclusão da roleta foi intencional, pois, segundo a tradição das comunidades cristãs, "Deus não joga com dados". Entretanto, o símbolo maior do capitalismo, o dinheiro, permaneceu como um elemento central desde a segunda geração do jogo, lançado na década de 1960, e não saiu mais...

A estrutura do tabuleiro é simples, sendo fácil identificar uma progressão linear, o que é, ao mesmo tempo, uma característica e um dos maiores defeitos do jogo: a ideia de que a vida segue uma trajetória predeterminada nos parece incorreta, já que acreditamos ter controle sobre nossas próprias escolhas. Interessante notar que no Jogo da Vida, inclusive, existem espaços onde a parada é obrigatória, como o casamento, e só após casar-se é possível ter filhos. Isso reflete uma visão normativa e coerente com os ideais de uma sociedade cristã tradicional, onde a progressão da vida é um tanto coercitiva quanto planejada.

Os peões, à primeira vista, podem parecer apenas marcadores, mas são customizáveis: o jogador decide quantos filhos terá, e essa escolha afeta o desempenho na partida. Quanto aos itens do jogo, é possível vê-los como uma espécie de power-ups. Em uma tradução direta, "power up" pode ser entendido como "diretriz", e, de fato, a mecânica do jogo exige que o jogador siga imediatamente as instruções ao cair em determinadas casas.

Por fim, outro problema do jogo é que ele acaba sendo "FedEx", ou seja, o jogador apenas transporta com o seu carro seu personagem, seu casamento e seus filhos rumo a um destino inevitável: o juízo final.

Regras da casa: E se os personagens pudessem "dar a volta" em certas partes do tabuleiro? Ou a inclusão no jogo de moedas de "barganha" nas diretrizes. Negociar com o banco, não casar, decidir não ter filhos… Tudo para ficar, digamos, mais real com a vida real.

Candy Land

Estrela/Hasbro

Este é um dos mais antigos jogos de progressão comerciais que sobreviveram ao tempo, e ele trabalha com o básico de um jogo dessa natureza, com um caminho a ser percorrido e diretrizes/Power Ups que fazem o jogador progredir ou regredir no objetivo. Basta 'carregar' o seu marcador até o fim do percurso para ganhar a partida. O interessante deste jogo é que não se usam números, e sim cores, para nortear os passos dos jogadores, algo bem apropriado para crianças que ainda possuem dificuldade em ler e escrever. Os símbolos neste jogo (sorvete, pirulito etc.) são diretrizes que podem auxiliar ou atrapalhar os jogadores, dependendo do momento da partida em que eles se apresentam (assim como o jogo

Escadas e Cobras). O jogo, pelo simples uso de cartas, oferece uma alternativa interessante e balanceada ao uso de cartas. Já o uso da roleta torna o jogo mais dinâmico e randômico. Porém, nos dois casos, sente-se por vezes o excesso de elementos randômicos, algo que não atrapalha as crianças, mas incomoda muito os adultos.

Regras da casa: Na versão de cartas, ao invés do jogador pegar na sorte a carta que irá usar para se deslocar, ele monta um deck com cinco cartas na mão. Depois de usar uma, ele compra outra carta e, de certa forma, isso dá um outro ar ao jogo, tornando-o um pouco mais estratégico.

Banco Imobiliário (Monopoly)

Estrela/Hasbro

Banco Imobiliário, também conhecido como Monopoly, também é um dos jogos mais antigos aqui mencionados. Vamos direto para a análise.

À primeira vista, pode parecer que o jogo envolve progressão, mas, se você o encara dessa forma, está jogando este jogo de maneira errada. O objetivo não é apenas avançar pelo tabuleiro, mas conquistar propriedades e fazer com que os outros jogadores paguem pedágio quando passam por seus territórios. Embora o jogo siga em looping um circuito fechado, sua essência é de combate e dominação, revelando claramente a ideia de que o jogo é sobre monopólio! Outro aspecto interessante é que não é possível voltar casas para tentar outra estratégia: você só pode avançar. Isso elimina o fator exploração (apesar de termos versões que permitem ir e voltar).

Desconfie se você tem peões no formato de chapéu, pato ou dinossauro… obviamente são apenas marcadores de onde você está no jogo, sem importância alguma em termos de gameplay.

Quanto aos itens, surge uma dúvida: poderíamos considerá-los como inventário? Embora o uso do dinheiro seja constante e essencial, o foco não é acumular objetos, mas atingir uma posição de status. Afinal, o objetivo do jogo é se tornar milionário. Assim, embora o inventário (dinheiro e propriedades) seja relevante para a mecânica, o verdadeiro destaque é a condição de vitória ou derrota, baseada no status que você conquista.

Por fim, se você estiver tratando o jogo como uma tranquila missão de transporte, um "FedEx", você realmente está jogando este jogo de forma errada… O desafio de Banco Imobiliário é, sem dúvida, uma kill quest, onde você precisa eliminar os outros jogadores financeiramente para alcançar a vitória.

Regras da casa: Aqui como sugestão temos o modo brasileiro de jogar: Crie alianças, ofereça pedágios menores, escambos; ou seja, crie pequenas incursões cooperativas no jogo. Se torna um jogo bem interessante, se jogado desta forma.

Detetive (Clue)

Estrela/Hasbro

Criado para matar o tempo durante uma angustiante estadia em uma casa ao longo dos intermináveis bombardeios da Segunda Guerra Mundial na Inglaterra, Detetive tem uma premissa muito simples: descobrir quem cometeu o assassinato, com qual objeto e em qual local. Inspirado por romances policiais de Agatha Christie e Sherlock Holmes, o jogo gira em torno da dedução, feita a partir de uma lista de suspeitos, armas e ambientes.

Vamos à análise. O espaço pode ser rapidamente interpretado como exploração, já que o jogador tem liberdade para circular pelos cômodos e escolher quais palpites investigar. A casa, aliás, é um cenário interessante. No entanto, encontramos aqui uma diferença clássica entre jogos e outras mídias não interativas: embora o jogador interprete papéis – como o Coronel Mostarda ou a Srta. Rosa – essa escolha não afeta de fato o gameplay. Por exemplo, ser a governanta não dá vantagem alguma em movimentação pela casa, nem o Coronel Mostarda age como um investigador... Assim, esses papéis são apenas marcadores simbólicos, sem impacto prático nas mecânicas de jogo. Desconfie no design dos peões do jogo: estranhamente, apesar de terem nomes, gêneros e papéis diferentes na trama, são todos homens engravatados.

Vale desconfiar também quando o jogo apresenta uma ficha a ser preenchida. A vitória e a derrota são definidas pelo preenchimento correto dessa ficha, ou seja, o jogo envolve status – eliminar hipóteses até restar a solução correta. A partir dessa lógica, o status se torna essencial: é preciso deduzir quais armas, personagens e locais descartar para avançar na investigação.

Como desafio, Detetive não é uma kill quest, apesar de parecer que o objetivo seria eliminar oponentes. Também não há cooperação entre os jogadores. Um dos pontos criticados no jogo é o fato de que as informações precisam ser transportadas de um lado para o outro do tabuleiro. Isso pode ser explorado estrategicamente pelos oponentes, que podem te enviar para um ponto distante do tabuleiro assim que percebem que você está próximo de resolver o caso. Poucas coisas são tão irritantes quanto ser jogado propositalmente para a sala de música e ter que atravessar o tabuleiro inteiro para chegar ao local onde, finalmente, aconteceu o assassinato.

Regras da casa: **Naturalmente, nossas regras caseiras adicionam ônus e bônus aos personagens, transformando-os em algo mais significativo. Na nossa versão, cada personagem possui habilidades especiais que os diferenciam dos demais. Por exemplo, o Coronel Mostarda tem o poder de fazer uma pergunta extra por turno, enquanto a Srta. Rosa pode se mover na diagonal, demonstrando seu domínio sobre os caminhos da casa. Adicionamos também um dado extra para aumentar a velocidade de movimentação.**

War (Risk)

Grow/Parker Brothers

War, o famoso jogo da Grow, é a porta de entrada para muitos brasileiros no universo dos jogos de tabuleiro. A ideia por trás de sua criação foi simplificar um jogo que, por natureza, já é relativamente simples: o Risk. Para prolongar a partida, essa versão brasileira adicionou um dado extra de defesa, e objetivos ocultos. (porém, é tarefa tranquila deduzir esses objetivos, já que o avanço no tabuleiro costuma revelar as intenções do jogador). Como é difícil conquistar a Europa sem ser percebido... E como o jogo fica longo quando todos percebem suas intenções...

Com isso, fica claro que War é essencialmente um jogo de combate. Seus atores, ou seja, as peças utilizadas, são meros marcadores. No entanto, não subestime o poder desses marcadores! A quantidade deles em uma região pode intimidar territórios vizinhos e dissuadir ataques.

Os itens em War se traduzem diretamente em status. No entanto, esse status é engenhosamente transformado em moeda de troca: com ele, é possível obter novos exércitos e reforçar suas tropas, numa pitada de inventário. O desafio em War é claramente uma Kill Quest, e acho que nem precisamos delongar muito sobre isso, não é mesmo? Porém, volte uma página atrás e perceba uma coisa, caro leitor: a quest 3x4 de War é literalmente a mesma de um certo jogo de conquista de terrenos! Já tinha percebido isso?

Regras da casa: **Nas nossas regras caseiras, incentivamos alianças como parte essencial do jogo, o que adiciona uma camada** estratégica baseada em confiança (e, obviamente, possíveis traições). Também introduzimos um exército neutro, que não é controlado por nenhum jogador, mas ocupa territórios desejados por todos. Esse exército não ataca, apenas se defende, criando um obstáculo adicional para quem tenta conquistar determinadas áreas.

Recomendamos remover o dado adicional de defesa incluído pela Grow. Assim, o atacante joga com três dados e o defensor com dois, o que torna o combate mais simples e agiliza a partida.

Por fim, sugerimos experimentar o jogo sem objetivos secretos e com foco na dominação mundial. Esse é o modo conhecido como Skirmish Edition no Risk, e a vitória é conquistar todo o tabuleiro! Parece que isso faria o jogo demorar mais, mas incrivelmente, ocorre o oposto: é a mais pura manifestação da briga sincera sem perder a amizade.

Combate (Stratego)

Estrela/Jumbo

Dono de uma consagrada mecânica de rouba bandeira, este jogo é conhecido internacionalmente como Stratego, e sua mecânica consiste em percorrer um campo de combate, eliminar os adversários e tentar resgatar seu prisioneiro enquanto evita as minas terrestres.

Todos os peões desse jogo têm personalidade e poderes únicos, o que torna esse jogo uma variável contemporânea do Xadrez e do mais antigo ainda Shou Dou Qi.

Interessante notar que ele poderia ser analisado como Status, e não Inventário: Enquanto uns preferem pensar nas suas peças e minas como um inventário de opções a serem usadas, outros tendem a entender a estratégia do jogo pelas peças que foram capturadas, formando uma interessante análise sobre quais personagens ainda faltam para serem desvendados.

Regras da casa: Esse jogo já é uma forma adaptada de clássicos como Shou Dou Qi. No entanto, experimente jogar a versão americana de Stratego. Ela possui cartas especiais, como dragões, entre outros power-ups, que potencializam bastante a partida.

UNO

Mattel

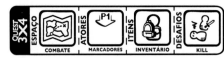

Para fechar, temos o clássico Uno (que é nada menos do que uma variante com cartas de design mais amigável do nosso brasileiro Mau Mau). Mas nada que desmereça o poder destas singelas cartas.

Qual é o seu espaço, já que não existe tabuleiro? É algo que se progride, se explora ou se combate? Não há dúvida de que a mesa onde se joga se transforma em uma arena de combate. Portanto, aproveitamos esse jogo de cartas para mostrar que, mesmo em jogos que não possuem um tabuleiro de fato, o espaço igualmente se manifesta.

Os jogadores são apenas marcadores, enquanto as cartas atuam como itens que, além de serem componentes do jogo, determinam as ações que cada jogador pode realizar. A posição ao lado esquerdo ou direito de alguém não faz muita diferença (pelo menos para aqueles que não acreditam que fulano se posicionou ao seu lado só para sabotá-lo ao longo da partida)

Em relação aos itens, sempre surge uma discussão interessante em sala de aula. Se as cartas funcionam como um inventário que os jogadores utilizam para se livrar delas, não seria inventário? Ou o foco seria na condição de vitória, ou seja, conseguir descartar todas as cartas (tomando o devido cuidado de bradar "Uno!" quando resta apenas uma em mãos)? Neste segundo caso, não seria Status o principal deste jogo? O que é mais importante em Uno: se livrar das cartas, ou deixar os oponentes com muitas cartas na mão? Esse interessante debate só corrobora um ponto de vista: ninguém tenta criar uma narrativa forçada ao redor do Uno, e está se debatendo específicamente sobre o que fazemos no jogo, suas mecânicas, e condicionamentos de vitória e derrota. Ou seja, estamos pensando no ecossistema do jogo, pura e simplesmente — talvez a maior contribuição que esperamos com esse método 3x4: pensar em jogo enquanto jogo.

Bom, uma coisa é certa: se você jogou Uno até hoje apenas carregando suas cartas até o centro da mesa, realmente está jogando isso errado.

Regras da casa: Nunca, nunca mesmo, abra mão de aprender uma nova regra caseira de Uno. Esse jogo é amplamente regionalizado, e cada comunidade simplesmente inventou regras novas. Reza a lenda que certa vez, no antigo Twitter, a Mattel tentou dizer a todos que não se deve jogar um +4 logo após o +2. A resposta dos usuários foi imediata: "Obrigado Mattel pelas cartas; daqui pra frente, a gente cuida do resto!"

Um bom hábito é perguntar aos jogadores quais regras usaremos antes da partida, pois cada grupo tem suas próprias variações. Culturalmente, Uno se tornou uma expressão popular, e regras como "se cair o sete, fique calado", "se cair o zero, troque de mão com outro jogador" ou "com 25 cartas, saia da partida" são ótimas inovações de gamedesign. Tanto que a Mattel, sabendo disso, criou até cartas "em branco", para que todos possam ter um Uno para chamar de seu.

Nota sobre os jogos da lista

Deve-se perceber a quase inexistência de jogos clássicos ou jogos de tabuleiro modernos nesta lista. Ressalta-se também a quantidade de títulos que, a princípio, são de qualidade duvidosa. Apesar de representarem a essência do que costumamos encontrar em lojas de brinquedos, são jogos chamados por alguns — até de forma pejorativa — de *AmeriTrashes* (Lixo Americano, em tradução livre. Nós preferimos chama-los de *Amerigames*); esses jogos são perfeitos para um ganho de repertório no nosso caso, pelos seguintes motivos:

- São fáceis de encontrar e comprar e, portanto, mais fáceis de serem encontrados por professores, escolas etc.

- Fazem parte de um imaginário inicial popular. É natural, inclusive, ouvir expressões como "é tipo War", ou um gamedesigner iniciante começar o seu diálogo por "o tabuleiro é como Banco Imobiliário, porém..." antes que isso possa significar repertório pobre, devemos reconhecer isso como Beabá Inicial. Se precisamos, nas palavras dos amigos do Grupo de Estudos **Ludus Magisterium**, de um **Letramento Lúdico**, é essencial conhecer de onde vem o impacto cultural inaugural, o *marco zero* dos jogos de tabuleiro aqui no Brasil.

- São rápidos e simples de serem assimilados. Isso torna a experiência mais dinâmica.

- A observação dada aos participantes desses jogos, quando jogados em uma sala, é: uma vez assimilada as regras e a mecânica do jogo, é hora de fechar a caixa e partir para outro jogo. O objetivo desta pesquisa de ganho de repertório não é jogar até ganhar, e sim jogar vários jogos, experimentando o maior número de mecânicas possível. Logicamente, essa coisa de convencê-los a parar de jogar é uma tarefa árdua, pois os jogadores "teimam em se divertir" e tentam terminar o jogo para ganhar dos seus colegas, numa clara e divertida constatação que é uma prática de pesquisa inevitavelmente prazerosa.

- Estes jogos podem possuir temática bem comercial, mas são na sua maioria classificados como *Advergames*. Eles se apropriaram de mecânicas/sistema de jogo simples, apenas para ter mais uma chance de lucro comercial com uma franquia/marca de sucesso. Por isso mesmo, tendem a ter uma mecânica que se distancia da narrativa original, e a narrativa passa a ser apenas de Background. Ou seja, se tirarmos a narrativa de background, grande parte do sistema sobrevive, e ele se torna um jogo liso, quase abstrato. Algo praticamente impossível de se fazer com Eurogames, que em sua maioria são extremamente ricos em uma temática finamente integrada no background e na mecânica dos seus jogos. Falaremos sobre escolhas em Eurogames mais tarde, nas notas finais do autor, e vocês entenderão melhor meu ponto de vista. Para resumir: todo jogo comercial, como esses Jogos Americanos, uma vez despido de sua temática, conseguiria se tornar um jogo abstrato (sem temática direta), o que pode ajudar na hora de tecer nossa própria narrativa. Também falaremos dessa prática, chamada de GameHack/reSkin, mais tarde.

- Quiz Games também foram deixados de fora nessa seleção. Apesar de ser altamente sedutora a ideia de se inspirar através de um simples jogo de perguntas e respostas, é igualmente nocivo resumir toda a ideia de mecânica a uma versão dinâmica de uma prova (falaremos sobre isso com mais carinho em outro momento).

- Também nota-se a quase inexistência de Party Games: apesar de gameplay rápido, e de dinâmica bastante sedutora para o nosso propósito, são jogos com mecânica bem própria e particular. Dificilmente jogos dessa natureza permitem um aprofundamento na narrativa; mas, por outro lado, esses jogos de festa apresentam uma série de opções interessantes de mecânica (Olhem para o Uno, por exemplo).

- E para finalizar, nota-se a inexistência de jogos com 'mestre', ou seja, jogos nos quais um mestre de cerimônias é necessário para nortear os jogadores. Pelo menos nesta etapa, não nos pareceu produtivo inserir jogos tão peculiares (e de nicho) assim. Que nos perdoem os entusiastas de RPG.

Nota sobre jogos clássicos

A maioria dos gamedesigners iniciantes se aventuram pela primeira vez a criar jogos normalmente amparados por algum jogo chamado clássico. São inúmeras as variantes de Xadrez, Damas, Dominó, Jogo da memória e Ludo, com temáticas e mecânicas levemente diferentes do jogo original. Por serem jogos de temática lisa (o termo técnico é jogo abstrato), não nos importamos em colocar-lhes roupas, mudar um pouco suas regras em função do nosso propósito e o rebatizarmos ao novo gosto. Damos a essa prática o nome de *GameHack, ReSkin* (ou jogo temático mesmo, se preferir). Não existe uma regra clara sobre a apropriação dessas mecânicas (afinal de contas, são jogos seculares que, em sua maioria, são de domínio público). Mas reside aqui alguns problemas advindos da incorporação de mecânicas conhecidas: ao alterarmos não somente a roupagem do jogo clássico, mas também seu balanceamento com a adição de novas mecânicas, corremos o risco de destruir um jogo bem feito, fruto de testes ao longo de anos de existência e adaptação. Ao incorporarmos jogos clássicos, corremos também o risco de omitirmos certas explicações sobre o nosso jogo, ao julgarmos inconscientemente de que as pessoas já jogaram o jogo original. E, por fim, ao fazermos um *Hack* de um jogo clássico, corremos o risco de nos perdermos em criatividade, criando no fim do processo apenas mais um jogo temático, uma homenagem estranha sobre algo que todos já viram.

Mesmo, assim, devemos concordar que certos jogos admitem várias reapropriações e adaptações, caso dos já citados Dominó e Ludo. Ludo, inclusive, é um jogo desperdiçado pelos gamedesigners, pois é uma verdadeira lenda viva dos jogos antigos. Existem inúmeras variáveis do Ludo ao longo de sua história (depois procurem a história de *Parcheesi*), e ele permite inúmeras adaptações (ao ponto dele poder ser jogado de trás para a frente, de forma cooperativa ou competitiva, admitir temáticas de todos os tipos possíveis e ser jogado, inclusive, sem dados).

Portanto vale a visita desses jogos que povoaram a infância de muitas pessoas, trazendo-os a uma nova leitura dos seus repertórios, talvez esquecidos pelo tempo.

Costumamos deixar à mão para consulta dois sets (Por terem vários jogos, omitiu-se desta vez o diagrama Quest 3x4):

Clube Grow

Uma seleção com os clássicos desta editora, e, por consequência, de todos os jogos mais jogados do mundo. O conjunto é composto de Can-Can (Uma variável de Uno), Super Trunfo, Damas, Damas Chinesas, Trilha, Mico, Escadas e Cobras, entre outros.

Coletânea 4x1 / 6 jogos clássicos Pais e Filhos / Divertirama da estrela, Xalingo Jogos Clássicos

Sempre vale a pena ter em uma ludoteca essas coletâneas de jogos clássicos.

Enciclopédia Jogos do Mundo – Mitra

Essa enciclopédia, composta de 37 jogos (e contando), faz o composto do que podemos chamar de os jogos mais jogados de todos os tempos. Existem desde os mais clássicos, como Gamão e Xadrez, até os mais raros, como Bagha-Chall, Hex, Agon, Dou Shou Qi, Go, Mancala, Senet e o Jogo Real de Ur, considerados estes quatro últimos os mais antigos jogos preservados e jogados do mundo

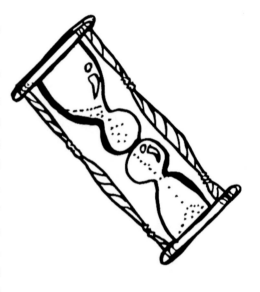

UMA AJUDINHA NOSSA: OS 6 ESSENCIAIS

Nossa primeira ajudinha vem no formato de um jogo. Um não, *seis jogos em um livro só*, prontos para xerocar (ou imprimir o PDF que está no link lateral), montar e jogar!

Mesmo com a etapa anterior, sentíamos a falta de produtos gerados pelo próprio método em si, por vários fatores:

- Não necessariamente vocês conseguem encontrar todos, ou boa parte, dos jogos citados. Faltam lojas (ou dinheiro) para comprá-los;
- Por vezes, estamos em viagem, e não dá para levar todos os jogos que precisamos;
- E, por fim, sentia-se a falta de um exemplo do método 3x4 mais palpável, algo sem a temática e a lore definida de um jogo comercial, em um set mais básico e prático.

Então, foram criados para este livro 6 jogos, que não são jogos propriamente ditos, sendo mais "bases para pensar em jogos completos." Esses 6 essenciais se revelaram bem eficientes para quem ainda não tem um repertório sobre jogos, ou mesmo para quem estava "enferrujado" em ideias.
Ah, e temos novidade no final!

1. Progressão .. 82
2. Exploração .. 86
3. Combate .. 90
4. Deck .. 94
5. Rogue Like .. 98
6. Coop .. 102

PARA VERSÃO EM PDF: www.lacarreta.com.br/quest3x4

01 PROGRESSÃO
Regras

Componentes
01 Tabuleiro
04 Peões
01 Dado
15 Cartas

PREPARAÇÃO
Coloque o tabuleiro no centro da mesa;

Coloque os peões atrás da casa início;

Embaralhe as cartas de sorte/revés, formando um monte (com a face voltada para baixo)

O mais novo começa.

COMO JOGAR
Na sua vez, role o dado e ande o número de casas indicado.

Se cair em sorte/revés, puxe uma carta do monte e revele-a, executando sua ação.

(Caso o baralho de sorte/revés acabe, reembaralhe e forme um novo monte).

OBJETIVO
Vence aquele que ultrapassar primeiro a última casa do tabuleiro.

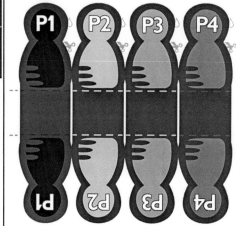
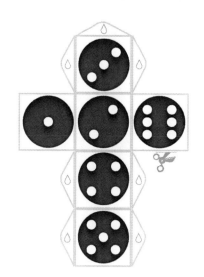

PARA XEROCAR - PARTE INTEGRANTE DO LIVRO - COMO FAZER JOGOS DE TABULEIRO: MANUAL PRÁTICO- MARCELO LA CARRETTA

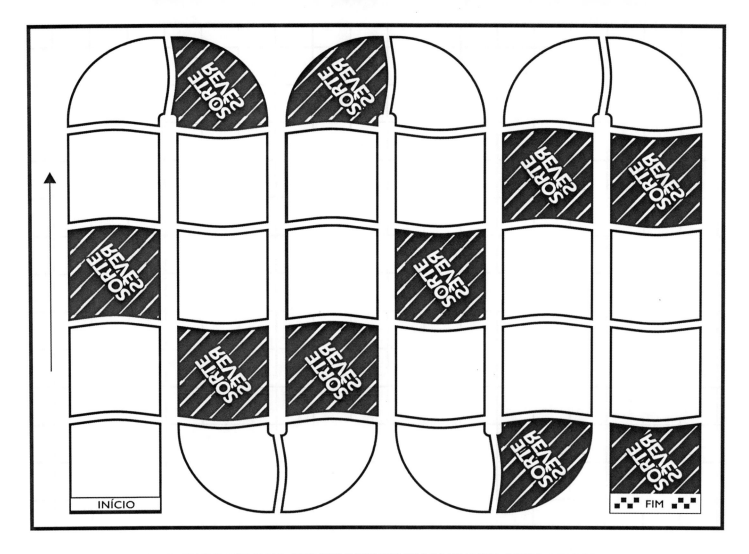

EXPLORAÇÃO
Regras

Componentes
10 fichas
04 peões
01 dado
01 tabuleiro

VEJA COMO JOGAR!

PREPARAÇÃO

Coloque o tabuleiro no meio da mesa; Misture, com a face voltada para baixo (interrogação) as fichas de símbolos, e espalhe-as pelas áreas "de parede" (azuis) do tabuleiro;

coloquem os peões na casa início, (centro do tabuleiro).

O mais novo começa.

COMO JOGAR

Na sua vez, role o dado, e ande exatamente o número de casas indicado.

Não vale "ir e voltar", ou seja, utilizar no seu movimento casas já percorridas na mesma jogada, nem andar em diagonal, nem atravessar pelas áreas de parede, nem ocupar ou atravessar uma casa já ocupada por outros peões, tendo que dar a volta.
Se cair em "até 4", ou "até 6", escolha andar de um até o máximo de casas sorteado.

Ao terminar seu movimento ao lado de uma das fichas, pode pegá-la. Seu objetivo é conseguir três fichas diferentes.

Caso consiga uma ficha que você quer, guarde-a à sua frente, retirando-a do tabuleiro. Porém, você não pode manter mais do que quatro fichas.

Caso consiga uma ficha que você não quer ou não precisa, devolva-a para qualquer área de parede do tabuleiro.

LADRÃO

Ao retirar uma ficha (ou tirar no dado) um "ladrão", você pode roubar qualquer ficha de um dos jogadores!
Depois de usada, devolva a ficha do ladrão em qualquer área de parede do tabuleiro.

A ficha com os três símbolos equivale a um coringa, e pode ser utilizada no lugar de qualquer um dos três.

OBJETIVO

O primeiro que conseguir voltar para o centro do tabuleiro com três símbolos iguais, ganha a partida!

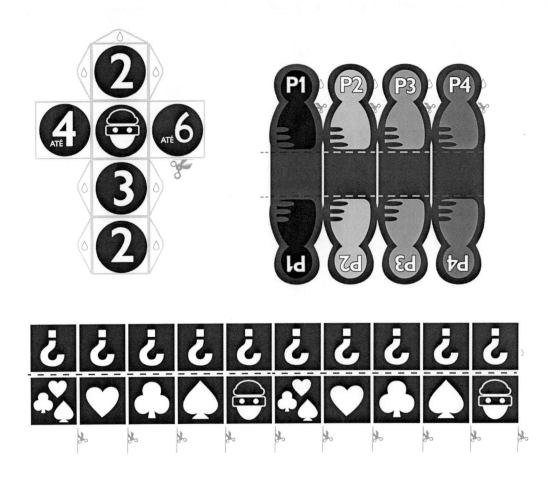

88 PARA XEROCAR - PARTE INTEGRANTE DO LIVRO - COMO FAZER JOGOS DE TABULEIRO: MANUAL PRÁTICO - MARCELO LA CARRETTA

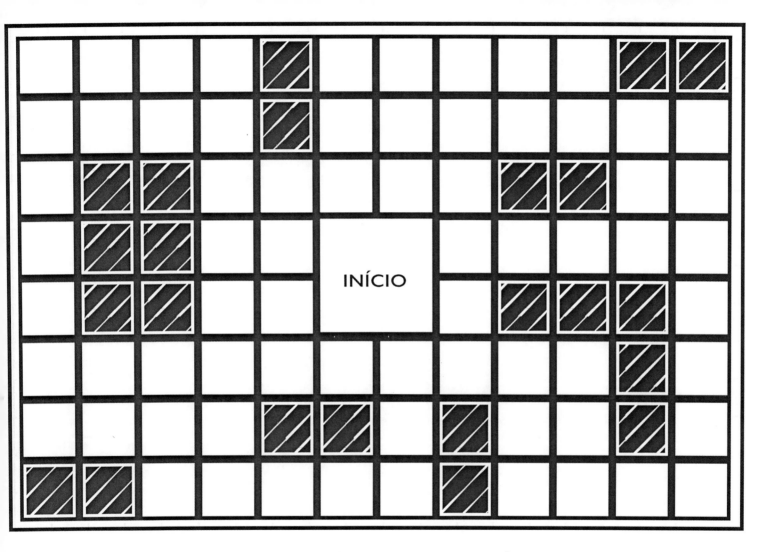

COMBATE
Regras

Componentes
12 fichas
01 tabuleiro
04 módulos

PREPARAÇÃO

Escolha em qual lugar seus combatentes irão ficar alocados, colocando suas fichas nos espaços da mesma cor das suas fichas, nas extremidades do tabuleiro. Notem que os espaços azuis no tabuleiro são paredes intransponíveis.

Como opção, também podem usar o TABULEIRO MODULAR, montando-o da maneira que quiserem!

O mais novo começa

COMO JOGAR

Ande com o seu combatente o número de casas indicado por ele (ficha 2 anda duas casas, a ficha 6, anda seis casas, etc); Não pode "ir e voltar" para casas já percorridas na mesma jogada, nem passar por cima de obstáculos (paredes azuis, casas do adversário ou mesmo as suas) bem como outros combatentes, tendo que dar a volta.

Caso consiga fazer com que o fim do movimento do seu combatente coincida com uma casa ocupada por um combatente adversário, você elimina essa ficha da partida.

IMPORTANTE!
Uma vez que o seu combatente saiu do seu local de origem da partida, ele não pode retornar para ela.
Seus combatentes também não podem entrar nas casas de origem dos combatentes adversários.

OBJETIVO
Quem conseguir eliminar todos os combatentes adversários vence a partida!

92 PARA XEROCAR - PARTE INTEGRANTE DO LIVRO - COMO FAZER JOGOS DE TABULEIRO: MANUAL PRÁTICO - MARCELO LA CARRETTA

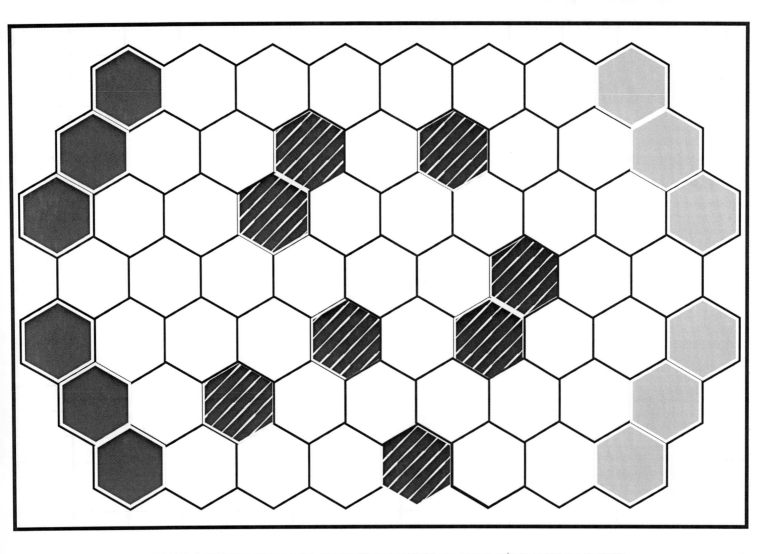

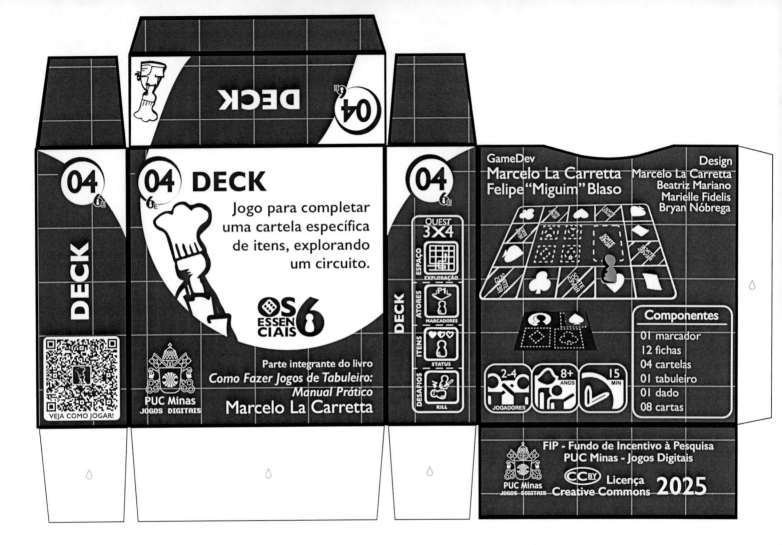

04

DECK
Regras

Componentes
01 marcador
12 fichas
04 cartelas
01 tabuleiro
01 dado
08 cartas

PREPARAÇÃO

Crie uma pilha com as fichas de símbolos nos seus respectivos lugares no centro do tabuleiro, viradas para cima; Faça o mesmo as cartas de sorte/revés (estas, viradas para baixo);

Escolha uma das 4 cartelas para jogar Coloque o peão azul (marcador) na sua casa inicial indicada no tabuleiro.

O mais novo começa.

COMO JOGAR

Na sua vez, role o dado, e faça o marcador azul andar para a esquerda ou à direita o número de casas sorteado. Se cair em "até 2", ou "até 4", escolha andar de um até o máximo sorteado.

Caso caia em alguma casa sorte/revés, revele a carta que está no topo da pilha e execute imediatamente o que for pedido. Descarte essa carta logo em seguida.

Caso as cartas de sorte/revés terminem, embaralhe e reabasteça o monte.

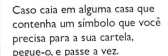

Caso caia em alguma casa que contenha um símbolo que você precisa para a sua cartela, pegue-o, e passe a vez.

OBJETIVO
Ganha a partida aquele que completar a sua cartela primeiro!

PARA XEROCAR - PARTE INTEGRANTE DO LIVRO - COMO FAZER JOGOS DE TABULEIRO: MANUAL PRÁTICO- MARCELO LA CARRETTA

PARA XEROCAR - PARTE INTEGRANTE DO LIVRO - COMO FAZER JOGOS DE TABULEIRO: MANUAL PRÁTICO- MARCELO LA CARRETTA

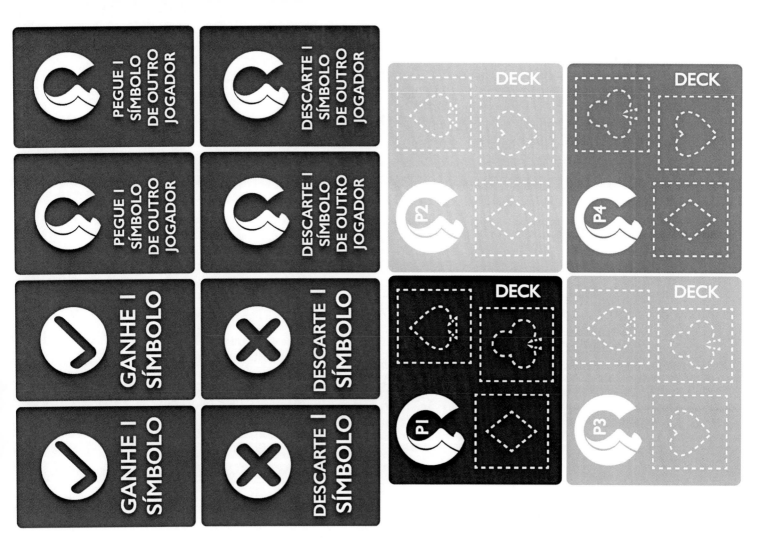

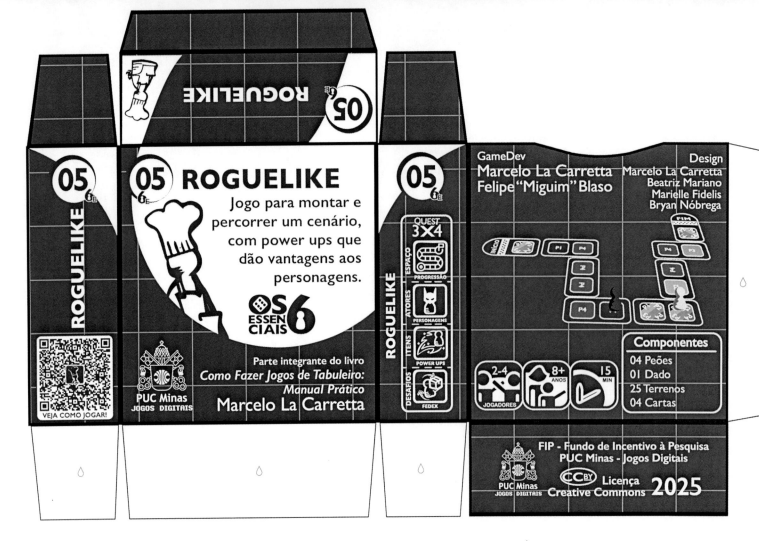

05 ROGUELIKE
Regras

Componentes
- 04 Peões
- 01 Dado
- 25 Terrenos
- 04 Cartas

PREPARAÇÃO

Montem o circuito, tendo como regra importante nesta etapa fazer com que a cor do final da peça coincida com a peça de terreno a ser colocada (como um dominó).

No fim, coloque nas pontas da trilha que criaram as peças de início e de fim. Escolha o seu peão (notem que cada um deles possui uma habilidade especial - pegue a carta-lembrete do que o seu peão faz). O mais novo começa.

COMO JOGAR

Na sua vez, role o dado, e ande o número de casas indicado. Se cair em "até 2", "até 4," ou "até 6", escolha andar de um até o número selecionado

Caso o final da sua jogada coincida com a cor do seu peão, você deve executar a sua habilidade especial (descrita na sua carta lembrete).

IMPORTANTE!

Para um bom funcionamento da partida, só é possível usar habilidades à partir da segunda rodada.
O jogador deve se mover sempre em direção ao fim do tabuleiro na sua jogada.

! Caso seu peão termine na casa da sua habilidade por conta do efeito de uma ação de outro jogador, você não poderá ativá-la.

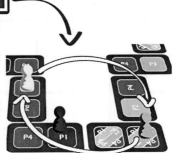

OBJETIVO
Ser o primeiro a ultrapassar o fim da última peça de terreno!

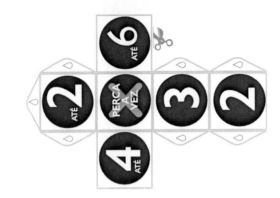
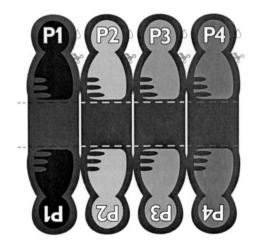

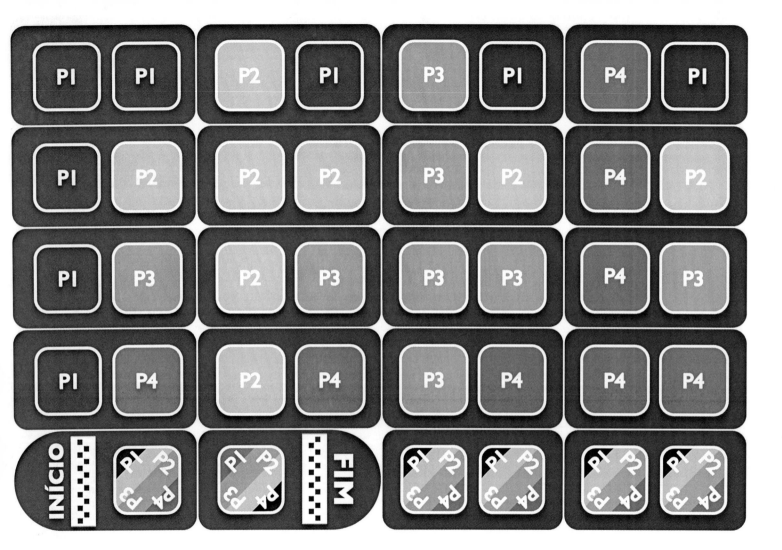

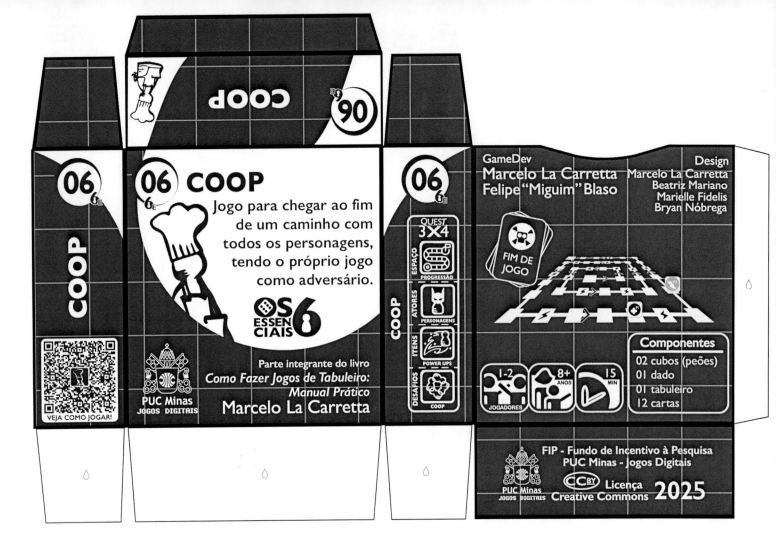

COOP — Regras

Componentes
02 cubos (peões)
01 dado
01 tabuleiro
12 cartas

VEJA COMO JOGAR!

PREPARAÇÃO

Coloque o tabuleiro no meio da mesa; Coloque os dois cubos, (com a face de 3 corações viradas para cima) no centro da trilha (escrito início), com o P1 em cima do P2;

Embaralhe as cartas e evento e coloque-as com a face virada para baixo, alocadas em cima da área onde está escrito FIM DE JOGO.

P1 Começa, seguido de P2, e dos eventos DO JOGO (sempre nesta sequência).

COMO JOGAR

No início da rodada, o P1 joga o dado, e anda o número de casas indicado. Caso caia em uma casa de raio ⚡, ele pode executar a sua habilidade (P1 recupera a vida de um dos jogadores); Depois é a vez do P2. Ele rola o dado, e caso caia em um raio, ele executa a sua habilidade (P2 rola o dado e faz avançar somente um dos jogadores);

---- IMPORTANTE! ----
sempre que um dos jogadores está em cima do outro, o cubo de baixo "carrega" o de cima pela trilha.
Mas, em contrapartida, somente o cubo de baixo pode executar a sua habilidade, caso ambos caiam em um raio.

E, logo depois da vez de P1 e P2, é a VEZ DO JOGO! Vire a carta que está no topo do monte de eventos, e execute imediatamente a ação descrita, que varia entre jogar os personagens para trás na trilha, ou fazer estes perderem vidas (ao perder vida, gire o cubo do jogador para indicar o número atual de vidas daquele personagem - se terminarem as vidas, o personagem morre, acabando com a partida).

Caso os eventos do jogo façam com que um dos jogadores caia em uma casa de raio, os jogadores podem executar as suas habilidades.

Uma vez usada, as cartas de eventos são descartadas da partida. Se acabam as cartas de evento, o jogo termina, e vocês perdem!

OBJETIVO

VOCÊS VENCEM quando OS DOIS jogadores chegam no FIM da trilha (caso um personagem chegue antes que o outro, o jogo se alterna entre a vez do jogador e a vez do JOGO);

O JOGO VENCE quando um dos jogadores morrem, ou quando acabam as cartas de evento.

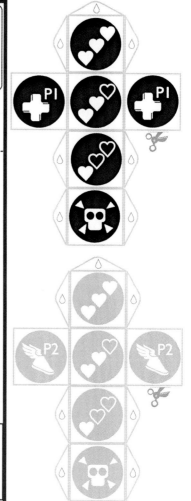

ESCOLHA UM JOGADOR PARA PERDER 2 VIDAS	ESCOLHA UM JOGADOR PARA RECUAR 3 CASAS	ESCOLHA UM JOGADOR PARA RECUAR 1 CASA
ESCOLHA UM JOGADOR PARA PERDER 1 VIDA	ESCOLHA UM JOGADOR PARA RECUAR 3 CASAS	ESCOLHA UM JOGADOR PARA RECUAR 1 CASA
ESCOLHA UM JOGADOR PARA PERDER 1 VIDA	ROLE O DADO E ESCOLHA UM JOGADOR PARA RECUAR ESTE NÚMERO DE CASAS	ESCOLHA UM JOGADOR PARA RECUAR 2 CASAS
ESCOLHA UM JOGADOR PARA PERDER 1 VIDA	ESCOLHA UM JOGADOR PARA PERDER 2 VIDAS	ESCOLHA UM JOGADOR PARA RECUAR 2 CASAS

104 PARA XEROCAR - PARTE INTEGRANTE DO LIVRO - COMO FAZER JOGOS DE TABULEIRO: MANUAL PRÁTICO- MARCELO LA CARRETTA

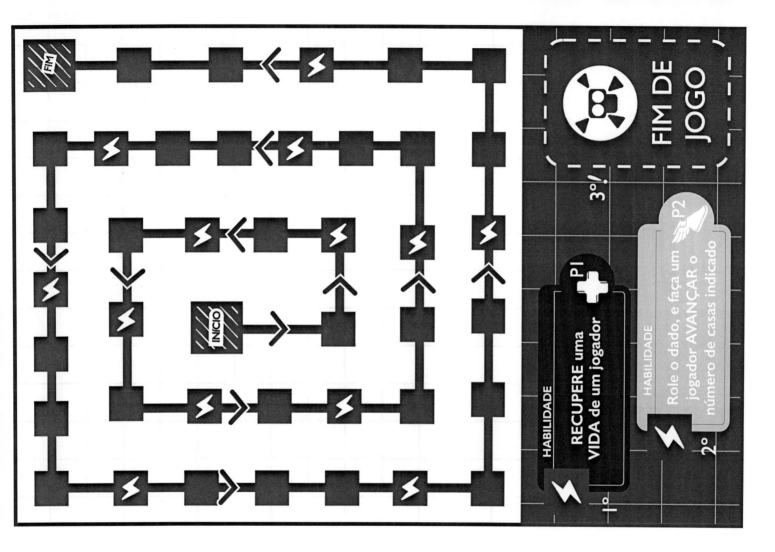

Breve Explicação dos 6 Essenciais

1- Progressão

Jogos de Progressão (ou *de Trilha*, como preferir) são os mais antigos da humanidade. Neste exemplo, temos um jogo simples e clássico, com os peões sendo carregados do início ao fim do tabuleiro. Porém, os power ups distribuídos em Sorte/Revés, potencializam as possibilidades na partida, e colocam os jogadores em decisões que mudam o rumo da mesma. Apesar de bem simples, é um ótimo exemplo de um jogo que envolve chegar em um local, sorte/revés, e uso balanceado de power ups.

Pensando em variáveis: E se...

- ... os peões fossem personagens e não marcadores, com características que os diferenciam no modo de jogar?
- ... tivesse cartas de sorte/revés que pudessem ser utilizadas de forma tática, como um inventário?
- ... o terreno tivesse bifurcações, ou se ele fosse fechado em um circuito?
- ... o jogo tivesse no seu tabuleiro uma tabela fixa de sorte e revés numerada de 1 a 6, e ao cair em sorte/revés, bastava rolar o dado para saber a sua sorte? Isso eliminaria as cartas da partida.
- ... o jogo fosse um Coop Quest com todos contra um jogador, times, ou todos contra o jogo?
- ...tivermos cartas de movimentação, ou tipo de ações, ao invés do uso do dado? resulta em uma experiência inovadora para gamedesigners de primeira viagem.

2 - Exploração

Lembrando uma *Dungeon Crawl* (praticamente um RPG bem simples, jogo onde enfrentam-se monstros, coleta-se itens e tesouros dentro de uma masmorra), o objetivo deste jogo é conseguir 3 imagens diferentes espalhadas pelo tabuleiro. É um ótimo exemplo de um jogo que envolve estratégia de exploração, memória, e foco em coleta de certos itens para alcançar o objetivo.

Pensando em variáveis: E se...

- ... os peões fossem personagens com características que diferenciam o modo de se movimentar ou jogar? Por exemplo, um personagem pode atravessar paredes, outro, anda em diagonal... Experimente criar isso, e veja os enormes desafios de balanceamento que isso acarreta!

- ...entre os imagens, tivessem itens que dão vantagens para o jogador que o coleta?

- ... ao invés de coletar três itens diferentes, fossem três itens iguais? Notem como o jogo fica muito mais demorado!

- ... ao invés de ter um ícone de ladrão, existisse uma espécie de sistema de duelo? Algo do tipo "rolem os dados, quem tirar o maior valor fica com o símbolo em disputa".

3 - Combate

Jogos de Combate, disputados em arenas, são bem antigos e comuns. Neste jogo, optamos por inserir 2 arenas de combate (sendo uma inteira e outra fragmentada em 4 pedaços) É um ótimo exemplo de um jogo que envolve estratégia de combate e o melhor uso das características dos seus personagens.

Pensando em variáveis: E se...

- ...os peões fossem movimentados somente quando sorteados pelo dado? Por exemplo, só usar o personagem seis se cai o seis?

- ...o terreno também variasse, oferecendo perigos? Tipo bombas, etc?

- ...os peões pudessem sofrer customizações?

- ...os outros peões tivessem que escolher um peão em particular?

- ...existisse um inventário com armas específicas?

4 - Deck

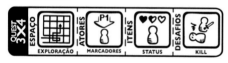

A mecânica de Deck Building é bem simples: complete um "armário de itens" para conquistar a vitória. Porém, sempre tem alguém que precisa do mesmo item que você. E é aí que o jogo começa. É um ótimo exemplo de um jogo que têm foco nos itens a serem conquistados, percepção e sorte.

Pensando em variáveis: E se...

- ...os decks pudessem ser encaixados entre os seus jogadores, tornando o jogo cooperativo?
- ...o deck fosse liberando vantagens à medida que ele fosse sendo preenchido?
- ...entre os tiles, tivessem itens que dão vantagens para o jogador que o coleta?
- ...o deck fosse montado para depois ser usado como inventário em um combate?

5 - Rogue Like

Este jogo funciona em duas etapas. Na primeira, crie um caminho a ser percorrido; na segunda, tente chegar ao fim antes dos outros, usando habilidades únicas intercambiáveis. Usando, praticamente os mesmos tiles e mecânicas de um dominó para se construir um tabuleiro de progressão, é um ótimo exemplo para entender o que é um Rogue Like: cenário pré programado em peças, construído de forma procedural, onde cada vez que se joga, tem-se uma experiência distinta.

Pensando em variáveis: E se...

- ...ele fosse um Coop Quest, ou mesmo um "salve-se quem puder", onde seus jogadores teriam como matar seus oponentes? Quais seriam os seus poderes especiais?
- ...escolhas feitas na primeira etapa pudessem ser usados como vantagens (ou penalidades) na segunda etapa?

6 - Coop

Este jogo funciona de forma parecida com o jogo do famoso filme *Jumanji*. O primeiro jogador faz sua jogada, logo a seguir o próximo, e depois, é a vez DO JOGO. O jogo pode eliminar os seus jogadores de duas formas: ou acabando com suas vidas, ou terminando a partida quando se esgotam as cartas do tabuleiro. Este jogo, inclusive, comporta um interessante modo solo, já que a IA está implementada. É um ótimo exemplo de um jogo onde TODOS estão contra O JOGO, e a não cooperação leva a sérias consequências na partida.

Pensando em variáveis: E se...

- ...os peões pudessem ser mais caracterizados?
- ...algumas habilidades, ao mesmo tempo que beneficiam uns, prejudicam outros?
- ...alguém pudesse "assumir a identidade" do jogo, sendo a IA?

E tem livro novo com mais jogos-exemplo chegando na praça!

Me perdoem por esse pequeno (mas necessário) Jabá: Neste primeiro livro, desenvolvemos apenas seis jogos. E esses jogos, por muito tempo, foram fundamentais para ilustrar nosso método 3x4, especialmente voltado para iniciantes ou game designers que necessitavam de uma base inicial para dar os primeiros passos em seus projetos. Mas, com o tempo, percebemos que essa base poderia ser expandida. E assim ficamos, de 2018 para cá, criando novas bases no nosso laboratório, o BB8 (Bureau de BoardGames Infinito - PUC Minas).

E não é que alcançamos MAIS 20 JOGOS? A pesquisa se agigantou tanto que geramos um novo livro! Procure por Como Fazer Jogos de Tabuleiro: + 20 Receitas Práticas. Nele, além dos novos jogos-exemplo, temos mais algumas atualizações sobre como aplicar o nosso método, bem como mais dicas e resumos comentados de jogos clássicos. Nos vemos por lá!

Como aperitivo, segue a lista com os 20 novos jogos:
- 001 corrida
- 002 portais
- 003 blefe
- 004 apostai
- 005 rouba bandeira
- 006 roll n' write
- 007 RPG
- 008 pega pega
- 009 cadeiras
- 010 captura
- 011 bloqueio
- 012 guerra
- 013 TCG
- 014 área
- 015 dados
- 016 dinâmico
- 017 timeline
- 018 senha
- 019 hexaminó
- 020 tower defense

Jabá feito, vamos voltar ao nosso presente livro... pois é hora de prototipar, botar a mão na massa!

PROTÓTIPO EM MANUSCRITO

Iniciam-se por aqui os encontros para prototipar o jogo. São muitos encontros, e é a fase mais crucial da sua produção, exigindo muitos e muitos testes. Afinal, como diria o Pedro Roscoe, um amigo gamedesigner: todo jogo nasce assim como o personagem Benjamin Button; velho, complicado, cheio de manias e defeitos. É necessário estruturá-lo por meio de vários protótipos e testes, a fim de transformá-lo, aos poucos, em um sistema jovem, bonito e ativo. Um Brad Pitt.

Neste ponto, salienta-se que o jogo deve ser prototipado da forma mais artesanal possível, sem fazer uso de computadores (daí o nome *manuscrito*). Explica-se: ao se usar o computador, tende-se a tentar "finalizar" o protótipo, afugentando o crítico que poderia dar uma valiosa contribuição a algo que ele considera em processo de criação e não pronto. Por sua vez, o gamedesigner tende a se apegar ao protótipo se ele já fez um bom acabamento. Portanto só use o computador quando de fato ele irá abreviar o trabalho (escrever regras, escrever conteúdo de cartas, auxiliar a desenhar o traçado do tabuleiro).

Para complementar essa etapa, temos a seguir um modelo de caixa, tabuleiros, dados, peões/*meeples*, tiles e cartas. Ele tem o formato deste livro e foi feito pensando para ser xerocado livremente ou impresso em uma impressora caseira. Basta buscá-lo (ele está a partir da página 129), tirar xerox do material que precisar, usar canetinha, lápis, tesoura cola, e começar os trabalhos.

O objetivo inicial deste *Playset (que vamos chamar simplesmente de Moldes)* era auxiliar os gamedesigners que nunca fizeram um jogo de tabuleiro, ou os que têm dificuldade em criar peças gráficas, mas revelou-se particularmente eficiente para evitar a confecção desnecessária de material de design nesta etapa, na qual a implementação da mecânica e do sistema do jogo é o mais importante que todo o resto.

Mas não vá ainda para estes moldes sem terminar de ler o livro, meu caro e afoito gamedesigner: antes, precisamos ganhar repertório, e ainda temos muitas dicas para você.

DICAS para pensar ANTES de começar a criar o jogo

Algumas coisas que vamos pontuar a seguir já foram provavelmente ditas em outros trechos deste livro, mas ainda não compiladas em um lugar só. O objetivo desta seção é salvar, principalmente os primeiros gamedesigners, das armadilhas mais comuns.

Uma dica extremamente valiosa, dada sobretudo aos psicopedagogos, é a de

tentar se esquecer da temática por enquanto.

Já vimos vários jogos que não conseguem sair do forno exatamente pelo excesso de narrativa inicial que pesava em seus ombros, simplesmente por nasceram como este exemplo:

"O jogo é sobre a história de uma personagem que desempenha um papel social sobre os demais. Tem um dragão que guarda um castelo, e uma princesa falante."

Notem que a frase inicia-se com "o jogo é sobre a história de". Ou seja, a palavra jogo é rapidamente suplantada pela palavra história. Não está se pensando no jogo, está se pensando na narrativa, na redação da história. Porém, tem hora certa de se encaixar a temática, como veremos a seguir.

Outro erro comum, de jogadores que conhecem amplo repertório de jogos, ou mesmo jogadores apaixonados por um jogo específico: **usar o máximo de mecânicas de jogos que já existem.**

Já vimos jogos sendo explicados assim:

"O jogo vai usar uma mecânica de *Take That*, com algo de alocação de recursos de *Stone Age* e movimentação parecida com *Ticket to Ride*. Ao final, a temática será algo como *The Last of Us*"

Por mais que possa parecer seduttor, este jogo já encara vários problemas antes mesmo de ser prototipado. Nada contra o potencial das referências existentes na frase acima. O problema é *o uso dessas referências*. Um dos potenciais do diagrama 3x4 (senão o maior deles) é começar pela simplicidade. O jogo acima até pode ver a luz do dia, mas vai levar o triplo do tempo para ser prototipado, pois ele já nasceu complexo e confuso.

Evite usar muitos design tricks

Normalmente, quando vemos que um jogo está complexo e confuso, basta analisá-lo sob o diagrama 3x4. E, quase sempre, o 'defeito' está na quantidade de design tricks usados.

É mínimo de 4, máximo de 6 design tricks.

Notem que alguns design tricks acabam meio que chamando por outros. É o caso de Espaço de Combate e Kill Quest, ou Espaço de Exploração e Itens de Inventário, ou mesmo Espaço de Progressão e Itens *Power Ups*. Quando isso acontecer, é hora de sentir-se à vontade para explorar mais um design trick do aspecto. Só tome muito cuidado, pois um design trick também *consegue anular o outro*, principalmente se for do mesmo aspecto. Exemplificando: o espaço de Progressão é bem diferente de Exploração. Usando os dois aspectos juntos, o jogo corre o risco de perder foco, pois se for mais proveitoso, os jogadores irão preferir explorar o terreno a avançar na partida. Já vimos jogos que usavam os três design tricks de um aspecto: Kill, Coop e Fedex Quest. No fim, a partida era abandonada por algumas pessoas, pois não viam sentido em continuar uma partida que não tinha propósito claro. Ou seja, sempre prevalece, no fim, a boa e velha máxima:

menos é mais

Outra pergunta, muito recorrente nessa etapa de criação, é:

Quanto tempo deve durar meu jogo?

E a resposta é: depende.
Para um jogo que pretendemos inicialmente, um *print n'play* (ou seja, algo que não pode ultrapassar 10 folhas na impressora caseira, e que não pode ser muito complexo de montar), a princípio ele **não pode durar mais do 30min, nem menos que 12min**. Usando este método, costumamos condicionar a ideia em termos de *design*: a complexidade da partida é medida pelo tamanho da caixa, e essa caixa **também deve ser impressa em uma A4**.

No método 3x4, inclusive, os jogos cabem em uma caixa na menor dimensão possível que já conseguimos: 10x15cm por 1,7cm de altura, praticamente uma A5!

Acreditem, nessa caixa, dá para guardar um jogo de combate com dois times de seis peças cada, regras, e DOIS modelos de tabuleiro, sendo um deles 20X30cm! Se ainda não acreditam, imprimam o terceiro jogo dos 6 essenciais, que está na página 90. É dele que estamos falando.

Para a segunda edição deste livro, fomos mais ousados ainda: criamos uma espécie de *caixa drops*: 9 deles, em um grid 3x3, dão exatamente uma folha A4. Perfeitos para serem acondicionados em uma pasta com lombo (e é exatamente para isso, aproveite)!

Sejamos sensatos: hoje em dia é uma loucura querer caixas gigantes, que tomam conta considerável de espaços da casa, e que uma vez abertos, percebe-se uma quantidade absurda de espaço desperdiçado (quando abrimos caixas de jogos da década de 1980, então)... Deixe essas versões gigantes, cheios de componentes a mais, para o seu jogo comercial, não para o seu protótipo. Fazer com que tudo "caiba em menos de uma A5" é um interessante desafio de design, acreditem. E simplesmente **não existe jogo de tabuleiro que não caiba em uma caixa 10x15cm.**

Pense no *War*. O que você faria para que ele coubesse em uma caixa dessas? Reduziria o número de jogadores, faria objetivos mais simples, criaria um mapa mais simples? E no que isso impactaria ao jogo? Exatamente: **no tempo da partida**. Mas "mataria o jogo"? Na nossa humilde opinião, não. O que está sendo colocado em prática aqui é o poder do sistema do jogo, seu *fator diversão*, sua mecânica. Coisas que dificilmente dependem de tamanho.

Aliás, esse "MiniWar para acampamento" existe e foi lançado pela Grow em uma caixa 15X21cm. Uma pena que diminuíram também seus componentes, tornando a partida praticamente impossível para dedos adultos. A versão do War em cartas é menor ainda, mas resultou em um exercício de gamedesign adaptado muito mais interessante.

Fez um componente, mas ele não cabe no tabuleiro da forma como deveria? Ele é frágil, podendo não resistir a uma jogada mais brusca, ou a várias partidas? Aqui, saímos do Design propriamente dito e entramos em noções de Produção Gráfica. Já vimos tabuleiros gigantes, que não precisavam ser tão grandes. Já vimos jogos de tabuleiros gigantes, inclusive, que nem precisavam de tabuleiro. E o contrário procede: já vimos jogos cujos componentes não conseguiam ser manuseados de tão pequenos que eram. E o pior, peças que ao serem mexidas, destroem sem querer a configuração prévia dos outros componentes, obrigando os jogadores a repararem vergonhosamente o jogo o tempo todo, como se fossem touros em uma loja de porcelana.

Jogos Educacionais e Advergames como um todo podem (e devem) ser programados para serem jogados apenas duas ou três vezes,

pois é tempo suficiente para se colocar uma retórica de conteúdo, um ponto de vista, a um grupo de trabalho específico. A ideia é de que esses jogos sejam jogados várias vezes, mas preferencialmente por *grupos diferentes* todas as vezes. Se o seu jogo pretende enaltecer uma retórica, um ponto de vista, faça-o de forma a ignorar certos aspectos de retrojogabilidade, valorizando uma *mensagem* a ser tratada de forma mais dinâmica possível. Produzir jogos com fins educacionais, com retórica de conteúdo, têm tantas particularidades que acabamos fazendo no final deste livro um capítulo especial, dedicado somente a explicar como funciona a ideologia de construção de produtos desta natureza.

E, por fim, mas não menos importante,

procure EVITAR Quiz Games

Jogos de perguntas e respostas foram, durante muito tempo, engenhosas soluções para algo que não era propriamente um jogo, e sim um sistema interativo que se valia de conhecimentos prévios dos seus participantes. O jogo é apenas um suporte, um sistema extremamente simples (desta vez, o termo é usado no sentido de simplório mesmo, fraco para um padrão ludológico) que serve apenas para permitir uma melhor ordem e condução no sistema da partida. Por mais que seja sedutora a ideia de espalhar o conteúdo de uma aula que está ficando enfadonha em uma partida emocionante de perguntas e respostas, como *Show do Milhão* ou *Quem quer ser um Milionário*, evite em um primeiro momento fazer isso. A ideia é, por meio de design tricks e mecânicas, oferecer algo mais parecido com um organismo vivo e dinâmico, algo que exemplifica a matéria, do que uma "prova de conhecimentos disfarçada vergonhosamente de jogo".

Porém, indo mais um passo adiante na discussão (e adotando um diálogo mais franco e intimista): Eu particularmente AMO QUIZ GAMES. (Sério. E custei a aceitar isso. Só escrevo estas duas novas páginas que você está lendo na segunda edição desse livro; ou seja, quase uma década depois, sou réu confesso).

Mas é que percebi, ao longo dessa minha vida de gamedesigner, que jogos de perguntas e respostas têm um lugar cativo nas minhas rodas de amizades e nos meus grupos de alunos. Era exatamente nestas horas que relaxava com meus filhos, que conseguia criar dinâmicas e conexões sinceras com os meus alunos em sala de aula. Já ganhei uma partida de *Trivial Porsuit* apenas por saber sobre um tal de *Anel de Nibelungo*, algo que aprendi em uma aula de Cinema Expressionista, (nunca imaginei que iria aproveitar esse conhecimento em outro lugar). Já percebi que jogos de perguntas e respostas são um Party Game fácil de explicar (na verdade, ele é quase sempre autoexplicativo), que todos se envolvem, e que os seus participantes acreditam ter um *prévio poder sobrenatural* em assuntos aleatórios que podem decidir a partida (caso do tal *Anel de Nibelungo*).

Saliento também que não são necessários componentes muito elaborados para uma partida de Quiz Game (quem nunca jogou *Stop/Adedanha* em um acampamento, apenas dando dez minutos para estabelecer as categorias, papel e caneta para todos, e fim? E as gargalhadas que arrancam quando um participante coloca *Marlboro* na categoria *marca de carro*, e não em *marca de cigarro*? (inclusive, *marca de cigarro* é seguramente uma categoria em extinção, o que dá um interessante gancho para percebermos o quanto mudamos de acordo com o passar das gerações).

Criar um Quiz Game interessante exige o mesmo pensamento aplicado a qualquer jogo. Rodrigo Rego, por exemplo, tem desenvolvido ótimos quizzes, como a série *É Top*. Jogos como *Scrabble* e *Bananagrams*, além de beeeem simples, também são excelentes para alfabetização.

Recentemente, fizemos no nosso laboratório BB8 um quiz game educacional sobre ODS (Objetivos de Desenvolvimento Sustentável) para a PUC Minas. Em um primeiro momento, foi proposta uma forma bem tradicional: enunciado/pergunta, quatro opções de resposta. Uma prova disfarçada. Chata e demorada. Nova ideia: uma pergunta encampada por um dos 17 ODS, e apenas Verdadeiro X Falso para resposta.

Chato e equivocado: na verdade, não existe certo ou errado em ODS. Debruçando sobre o real sentido de fazermos um Quiz sobre o tema, chegamos à conclusão de que deveríamos criar um enunciado mais próximo de uma ação, tipo: "Eu criei, na minha comunidade, um Clube de Leitura. Isso é..." ou mesmo "Ajudei a implementar um sistema de coleta seletiva e reciclagem no meu bairro. Isso é....", seguido de uma ODS mais assertiva e outra menos assertiva como opções. Assim, conseguimos mostrar para os participantes que as ODS não estão tão distantes assim, e que pequenas ações do nosso cotidiano englobam boa parte das nossas boas ações para adiar o fim do mundo.

Em resumo: Quiz Games também carecem de retórica de conteúdo, balanceamento e engajamento de discurso. E deve ser, sobretudo, divertido. Pense nisso! Isso vale para qualquer jogo, seja Quiz Game ou um Euro pesado. Mas valem então duas dicas de ouro::

ESQUEÇA Trilhas com perguntas! A questão a se pensar é outra: seu jogo busca *explorar algo existente*? Use um tabuleiro de *exploração*. É sobre *disputa*? Crie uma arena de *combate*. Porém, se a *história já está definida* e você quer que os jogadores a *vivenciem no seu passo a passo*, então é relamente hora de usar um tabuleiro de *progressão*. O problema não é o tabuleiro, mas como a temática funciona nele.

Já vimos jogos, por exemplo, que tinham como premissa explorar uma cidade, e os gamedesigners tiveram a "fantástica ideia" de criar uma trilha que formava o contorno da tal cidade. Ora, como explorar uma cidade apenas *andando pelo seu entorno, não entrando nela*?

EVITE criar mais componentes do que o seu jogo precisa! Para que tantas cartas, se aquele grupo só vai joga-lo uma única vez? Para que tabuleiro, se apenas queremos fazer uma simples trivia? Basta, neste exemplo, deixar a posse da carta da pergunta como pontuação, e pronto. É na simplicidade que residem as melhores experiências neste tipo de jogo.

MARCELO LA CARRETTA

Um parênteses *(ou um jogo)* sobre **balanceamento**

Balanceamento (o famoso level design) é uma arte. Você pode ter uma mecânica favorável, ter todos os seus elementos bem desenhados, ter belas ilustrações. Mas, se o seu jogo penaliza ou bonifica demais os participantes ou um jogador em particular, é fim de carreira para ele.

Saiba equilibrar bem as opções para todos os jogadores, para que eles *sintam que estão no controle das suas ambições na partida.*

Vamos para uma pergunta clássica, que me fazem com frequência:

Quantas cartas o meu jogo deve ter?

De novo: depende. Quanto tempo você quer que dure a partida? Quais são as funções dessas cartas? Quantas cartas devem estar na mão dos participantes? Quantos descartes podem ocorrer ao longo da partida? Essas cartas são a condição de vitória/derrota? Qual o tamanho da caixa? Vai ter muita retrojogabilidade?

Ou seja, quase impossível imaginarmos um padrão, uma receita de bolo, para essa pergunta.

Precisamos, antes de mais nada, de um contexto, uma noção de como é o jogo em si. Vamos para um exemplo mais palpável, reformulando a última pergunta:

Quantas cartas de sorte/revés devo criar para um jogo de progressão com 4 jogadores?

Vamos, então, para as contas. São as que fizemos para o jogo de progressão dos 6 essenciais, que está na página 82.

Criamos um jogo de progressão de duração considerada curta (30 casas). 4 jogadores. Agora, vamos trabalhar em cima do que chamamos de

Hipóteses Plausivelmente Absurdas.

O termo é utilizado para pensarmos em algo absurdo, mas não impossível, de acontecer em uma partida usando as mecânicas do jogo analisado.

Por exemplo: caso tivéssemos um jogador extremamente sortudo, que tira 6 no dado o tempo inteiro, a partida duraria 5 rodadas, ou seja, uns 20 minutos de partida, considerando que os quatro jogadores realizam jogadas em uma rodada de 4 minutos, sem distrações (ou outras mecânicas que façam com que um jogador atrapalhe o outro).

Vamos então inserir as casas onde teremos pontos de sorte/revés. Em um circuito de 30 casas, vamos colocar uma casa de sorte/revés a cada 2 casas, o que nos dá 10 casas desse tipo no jogo (tiraria a última casa de sorte/revés, já que se trata da chegada em si do tabuleiro, mas vamos mantê-la nesse exemplo).

Logo em seguida, vamos finalmente contar o número de cartas de sorte/revés necessárias para a partida, usando novamente a estratégia das *hipóteses plausivelmente absurdas*: caso todos os 4 jogadores caíssem em todas as casas de sorte/revés em todas as vezes, como se estivessem marchando juntos, quantas cartas são necessárias para nunca termos que usar cartas repetidas em uma partida? Notem que esta é uma situação extremamente rara para uma partida, mas não impossível. Para evitar que o jogo "quebre", temos que pensar nesta variável. Então, temos 4X10=40 cartas.

Mas não precisamos exatamente de 40 cartas diferentes, pois podemos fazer com que essas cartas sejam reembaralhadas e utilizadas novamente depois de usadas. Porém, não vamos dividir novamente por quatro jogadores; pois, segundo a lógica das *hipóteses plausivelmente absurdas*, pode acontecer de um jogador passar por todas as cartas do jogo em apenas uma partida. Muitas cartas em um monte pode dar, a princípio, uma ideia de que o gamedesigner pensou em suprir todas as possibilidades, mas pode também ser o oposto: de que ele não quis pensar no esgotamento das opções, e sua solução foi saturar o monte.

Então, para minimizar esse problema, vamos usar 15 cartas diferentes, o que corresponderia a "um baralho e meio" nesse jogo. Ou seja, mesmo que um jogador caísse em todas as casas de sorte/revés em uma partida, ele não esgotaria todas as cartas, pois são 15 e não 10.

Agora que temos o número total das cartas que vamos usar (15 cartas), vamos ao balanceamento: em 15 cartas, precisamos definir quanto de sorte e quanto de revés eu vou distribuir na partida.

Notem que é um número ímpar (15), portanto uma das duas situações vai ficar com menos cartas. Vamos deixar 8 cartas de sorte e 7 de revés, pois isso dá aos jogadores a falsa sensação que se trata de um "baralho amigável."

Balanceando as 8 cartas de sorte:

- 3 cartas de pouca sorte (avance 1 casa)
- 4 cartas de sorte média (avance 2 casas)
- 1 carta de sorte suprema (avance 5 casas)

Notem que não temos "avance 3 casas" ou mesmo "avance 6 casas". Se tivéssemos, o jogador cairia em outra casa com sorte/revés, por conta da nossa distribuição inicial destas casas. Temos que tentar evitar o "loop infinito" (jogador faz uma jogada em cima da outra, e acaba realizando uma ação que *anula a outra*).

Por que o jogador na sorte suprema avança 5 casas e não 4 (o que seria o dobro da sorte média)? A probabilidade de ele cair na próxima jogada em outra casa sorte/revés do nosso exemplo é idêntica nos dois casos (se fosse avance 4 casas, com 2 ou 5 no dado ele iria para uma nova casa sorte/revés; no nosso caso, "avance 5 casas" dá pra ele a chance de ir para uma nova casa sorte/revés se ele tirar um 1 ou um 4 no dado). Então, qual é a lógica? Simples, é uma questão de posicionamento: enquanto no "avance 4 casas" ele vai ter

passado por cima de uma nova casa de sorte/revés, caindo logo após esta casa, no "avance 5 casas" o jogador estará "quase aos pés" de uma nova casa sorte/revés. Ou seja, o "fator sorte" se faz mais presente no cérebro do jogador. Parece que não, mas faz uma enorme diferença.

Balanceando as 7 cartas de revés:

- 4 cartas de pouco revés (recue 1 casa)
- 2 cartas de revés médio (recue 2 casas)
- 1 carta de revés supremo (recue 4 casas)

Prestem atenção para onde a carta de revés supremo manda o pobre jogador: 4 casas atrás, temos ele novamente à porta de uma nova casa de sorte/revés. Ele parece receber "dos céus" uma nova chance de redenção bem à sua frente.

Com essas 15 cartas, resolvemos todo o problema de balanceamento, correto?

Errado.

Particularmente, está um jogo balanceado, mas está burocrático. Praticamente não demos opções de estratégia aos jogadores, apenas diretrizes, como "vai pra lá, recue para cá" etc. Literalmente, colocamos o jogo inteiramente em *modo randômico*, com apelo excessivo para o fator sorte.

Vamos tornar as coisas mais divertidas um pouco?

No lugar das 4 cartas de sorte média (avance 2 casas), coloque estas:

- 2 avance 2 casas
- 2 troque dois jogadores de lugar

e no lugar de duas das quatro cartas de pouco revés (recue uma casa), coloque estas:

- 1 escolha um jogador para recuar 1 casa
- 1 escolha um jogador para recuar 2 casas

O que fizemos?

Saímos de um Fedex Quest meio enfadonho para uma pitada de Kill Quest, e isso tornou as coisas mais interessantes.

Notem que os jogadores agora têm a opção de trocar de lugar com um jogador que foi mais sortudo e que está mais à frente. Ou, se for ele quem está à frente no momento, de escolher outros dois jogadores para trocarem entre si (logicamente, se apenas forem dois jogadores na partida, esta carta acaba sendo de revés se você está na frente).

No caso das novas cartas de revés, penalizamos o jogador com algo nulo (avance zero casa, quase um perca a vez); porém demos a chance dele *atacar* outro jogador mais sortudo.

Prestem especial atenção, em uma partida, na reação do jogador que tirar a carta "escolha um jogador para recuar 2 casas": com certeza, não será de decepção por não ter tirado algo que desse a chance de andar no jogo, e sim de satisfação ímpar por ter a chance *de mandar alguém para trás*.

Em resumo, as 15 cartas ficaram assim:

- 3 avance 1 casa
- 2 avance 2 casas
- 2 troque dois jogadores de lugar
- 1 avance 5 casas
- 2 recue 1 casa
- 1 escolha um jogador para recuar 1 casa
- 1 escolha um
- jogador para recuar 2 casas
- 2 recue 2 casas
- 1 recue 4 casas

Agora sim, o balanceamento do jogo está completo: um tabuleiro de 30 casas, 15 cartas e 4 jogadores que vão disputar acirradamente cada centímetro dessa partida.

Para ilustrar melhor nosso exemplo de balanceamento, este jogo está na página 82, para imprimir, jogar uma partida e tirar suas conclusões.

Um parênteses *(ou um jogo)* sobre Temática

Colocar uma Temática em ação (a famosa Lore) assim como o balanceamento, também é uma arte. Você pode ter um jogo que sobrevive sem temática, "liso", mas a real missão da nossa Quest é proporcionar um casamento perfeito entre Temática e Gameplay.

A questão é que, mesmo com um sistema básico funcional, chega o momento em que você vai precisar da roupagem temática, aquela camada que cria sentido e conecta o jogador ao que está acontecendo. Mas, como dissemos em vários pontos desse livro, o ideal é se esquecer da temática por enquanto. Ou seja, adiar ao máximo esse casamento. Porém, a pergunta que fica é: até quando eu posso postergar a entrada da temática? Na primeira edição desse livro, sustentávamos que quanto mais tarde a implantação dessa temática, melhor (até depois do primeiro playtest, por exemplo, seria o ideal). Mas, quase uma década de playtestes depois, podemos sugerir que essa entrada tem um momento ideal, e é exatamente quando surgem perguntas assim:

Como inserir combate e barganha no meu jogo, sem ficar complexo demais?

E o que percebemos é que a resposta era simples: Coloque Mercenários no seu jogo. Pronto. Quando você assume que são mercenários, você também assume certas características essenciais: um mercenário pode lutar por dinheiro, mas dificilmente arriscaria a vida por ideais nobres. Esse tipo de coerência entre tema e mecânica acaba salvando o pobre gamedesigner de maiores elaborações mecânicas. Então, nesse momento, percebemos que uma temática resolvia boa parte dos problemas de gamedesign daquele jogo, pois logo depois de dar roupagem, ao jogar e ver o tal desenho ou personagem, surgia a expressão

Ah, é claro!

Ou seja, chegava ali o momento de identificarmos FORMA E FUNÇÃO.

Quando você assume que são Mercenários, por exemplo, você assume certas características que correspondem ao personagem, e o que ele faria (ou não faria) uma vez encarnado.

Assim como o segredo de todo casamento duradouro, a relação entre mecânica e temática é uma via de mão dupla. Quando a mecânica e a temática se integram, as decisões de design passam a ter propósito.

Mas isso exige um balanceamento. Um entendimento do que é

Design Instrucional X Design Representativo

Nós vamos falar em outro momento desse livro sobre isso, mas vale a pena já dar spoilers: O Design Instrucional foca no que os jogadores devem fazer; ou seja, na mecânica pura e nas regras. Já o Design Representativo trabalha em como isso é apresentado e faz sentido dentro do mundo do jogo. Quando esses dois elementos se alinham, você encontra a fórmula perfeita onde tema e gameplay caminham juntos.

Vamos explicar essa diferença com outro jogo (vamos pegar o nosso exemplo que está na página 86. e dar uma roupagem nele):

Temos um tabuleiro retangular 12 X 8, composto de 69 espaços cinza-claro que formam o caminho a ser explorado, e 23 espaços escuros, que são paredes (nestas paredes colocaremos os itens). Para completar, uma base branca no centro ocupa quatro espaços, que é por onde 2 a 4 jogadores iniciam e terminam a partida. O objetivo é simples: o primeiro a pegar três objetos diferentes e voltar para o centro, ganha a partida. Neste ponto, sugere-se como um atrativo de gamedesign adicionar algo que atrapalhe os jogadores. Hora de acionar a temática? Isso pode ajudar. Vamos para um clássico: ELEMENTOS MEDIEVAIS.

Já se perguntou por que o nosso imaginário mais comum sempre visita o medievalismo? Por que é muito simples dar forma e função com itens já consagrados por séculos de histórias fantásticas narradas. Espada? Ataque. Escudo? Defesa? E por aí vai... Vamos então, dar um objetivo mais temático: quem conseguir conquistar três itens diferentes do calabouço, se torna REI, e ao sentar no TRONO que está no centro do tabuleiro, ganha a partida.

Agora, vamos procurar símbolos que reiterem esse "monarca": Quem conseguir a indumentária **manto/cetro/coroa,** ganha a chance de se tornar rei. Estes itens fazem sentido tematicamente no seu cérebro, certo? Mas aí surgem os problemas práticos (aliás, salientamos que são problemas que só percebemos quando estamos pensando em UM JOGO):

Manto – Como representar algo assim em um ícone pequeno? Pode se parecer com um pano qualquer… poderia ser uma capa? Um pano de chão? Ou até um pano de prato! É complicado deixar esse desenho claro e inteligível;

Cetro – O Gamedesigner que fez o jogo sabe para que serve um cetro: um símbolo que dá poder. Mas o jogador, por sua vez, pode confundir poder com *poder de bater com o cetro*, e vai achar que o item serve para acertar os outros jogadores…

Entendeu o problema? A forma do item carrega uma função implícita, e se essa função não estiver alinhada ao propósito do jogo, a experiência acaba ficando confusa. Por isso, coerência entre forma e função é essencial.

Nos sobrou a **Coroa**, Enfim. Ninguém vai achar que pode pegar uma coroa e dar uma coroada na cara de alguém, certo? Uma coroa já funciona como um item mais naturalmente coletável. mas precisamos dividir então essa coroa em três… vamos para duas possibilidades:
- A coroa tem três espaços para jóias, e o objetivo é completar a coroa com cores diferentes;
- A coroa está partida em três pedaços, e o jogador precisa coletar os fragmentos para reconstruí-la..

E surgem novos problemas…

E se o jogador vermelho achar que ele só pode coletar itens vermelhos? Ou que só ele pode coletar itens vermelhos? Ou pior: se ele interpretar (sabe-se-lá como) que ele é de fogo, já que vermelho frequentemente é relativo ao fogo?

Dividir o objeto pode ser uma boa saída, mas itens fragmentados geralmente passam a sensação de quebra-cabeça, e não de coleção aleatória. O jogador pode pensar que precisa encontrar tais pedaços em uma sequência específica, por exemplo. Ou achar que precisa buscar o pedaço da esquerda quando na verdade, precisa coletar o pedaço da direita (a coroa é um objeto simétrico, isso piora tudo).

Então, como podemos resolver isso? Algumas soluções:
- Deixar as cores apenas com as jóias da coroa, e os personagens em tons neutros. Podemos

trabalhar as diferenças visuais entre os jogadores de forma mais sutil: um personagem com barba, outro sem barba, um com cicatriz, e assim por diante;
- Assumir de vez as famosas "classes medievais", como Paladino, ladrão, mago etc. Uma boa saída, por sinal.

Mas, claro, com personagens surgem personalidades e, inevitavelmente, ônus e bônus em suas ações. Cada classe pode ter poderes especiais: um Paladino pode ser mais resistente, enquanto um Ladrão tem habilidades furtivas. Assim, a mecânica ganha uma camada extra (e uma dor de cabeça extra de balanceamento, como vamos explicar em seguida).

Naturalmente, com essa temática medieval definida, os desafios para roubar os itens uns dos outros já sofrem modificações na nossa cabeça. Por exemplo, o jogo pode acontecer em uma masmorra com armadilhas. Mas, se pensamos que os nossos personagens são bárbaros, eles "estão pedindo" para resolver tudo através de um combate, lógico!

Quando dois personagens caem na mesma casa, os jogadores lançam seus dados e:

- **Se o desafiante vencer,** ele rouba um item do oponente e o manda de volta ao início.
- **Se o desafiado vencer,** ele expulsa o desafiante de volta ao começo, e ele é obrigado a descartar um item no tabuleiro.

Sistema de combate resolvido, resta agora saber como balancear os personagens. Aqui vai uma boa dica:

Primeiro, tente descobrir as ações principais que os jogadores fazem ao longo do seu jogo. No nosso exemplo, seriam estas:
- Andar casas
- Coletar itens
- Usar o dado
- Combate

Podemos dar então atribuir poderes especiais por personagem, que acabam inevitavelmente sendo **ações de desbalanceamento na partida:**

- Paladino pode "andar em diagonal";
- Mago pode dar uma olhada nos itens escondidos, sem precisar pegá-los de imediato, ou atravessar paredes;
- Bardo tem uma vantagem nos dados: Para ele, rolagens ruins se tornam boas. Se o dado cair em 1, ele pode andar até 6 casas — e o azar vira sorte;
- E por fim, o Bárbaro sempre tem +1 nas rolagens de combate...

... porque ele é o sujeito que naturalmente é o mais esquentado do grupo, e resolve tudo na briga. Viu como a temática se justifica? Esse é o famoso "é claro!" que estamos tentando explicar.... Podemos também assumir que o Bardo tem uma relação especial com a aposta, tornando-o mais sortudo que os demais, ou que o Mago tem uma relação mística com o tabuleiro, e que o Paladino tem uma movimentação "roubada" porque... enfim, todo Paladino é assim.

Com essas definições, assumir cada um destes personagens gera personalidade distinta nas ações da partida, o que enriquece o gameplay. Isso também cria um equilíbrio interessante entre movimentação, coleta e combate, evitando que qualquer personagem tenha uma vantagem absoluta.

Mas já podemos avisar que vamos encontrar erros crassos de balanceamento só nesta decisão de desbalancear através dos personagens... Faz parte do ofício de gamedesign. Porém, podemos dizer que existe um casamento perfeito entre **TEMÁTICA e GAMEPLAY.**

E agora, com tudo resolvido, vamos tentar outro exercício interessante de gamedesign? Tente arrancar o tema medieval deste jogo, e coloque outro beeeem diferente:

-- SEXTA FEIRA -- FIM DO EXPEDIENTE NO ESCRITÓRIO!

Obviamente, adaptações serão necessárias!

- O objetivo principal agora é coletar três formulários e entregá-los na mesa do chefe para conseguir bater o ponto e ir embora. Esses formulários podem ser os itens a serem coletados ao longo do jogo;
- E se o Chefe for um obstáculo, que impede os jogadores de andarem pelas casas?
- Café é combustível! Nada de usar dados para se movimentar nesse jogo, o café é essencial para manter a energia e a produtividade;
- E se colocarmos cartas do tipo: "coloque outro jogador em uma reunião, e ele perde a próxima rodada"? Ou mesmo cartas-evento, como "O chefe mudou de ideia: formulários azuis devem ser descartados".

Além de arrancar algumas risadas, note como estas soluções de gamedesign são agora *alegoricamente alinhadas com a nova temática*! Dar através de uma cafeteira um café/poder especial que fazem os jogadores daquele escritório entediante se tornarem mais rápidos e eficientes é uma ótima solução de gamedesign. E perceba como servir café, nesse contexto, não funcionaria para bárbaros, anões de jardim, ou para zumbis...

A temática deve vir não apenas para abraçar a mecânica, mas lhe conferindo sentido, soando como aquele famoso "**ah, é claro! É por isso que isso está aqui, e desta forma.**"

Temática não é apenas roupagem; Temática é *dar sentido* ao ato de jogar!

Para ilustrar melhor nosso exemplo de Temática, este jogo está na página 86, para imprimir, desenhar as nossas soluções, jogar uma partida e tirar suas conclusões.

COMO FAZER JOGOS DE TABULEIRO: MANUAL PRÁTICO

UMA AJUDINHA NOSSA II:
PLAYSET (MOLDES-BASE)

Este *Playset*, como dito, era inicialmente usado apenas para auxiliar aos gamedesigners que não saberiam por onde começar a diagramar seus jogos, seja por limitação técnica, seja por falta de ferramental. Porém acabou se revelando extremamente eficiente para o prótotipo em manuscrito, e se tornou uma valiosa base para começar a produzir a versão impressa.

Obviamente, optou-se por bases "frias", sem identidade, para tentar ao máximo servir de suporte inicial.

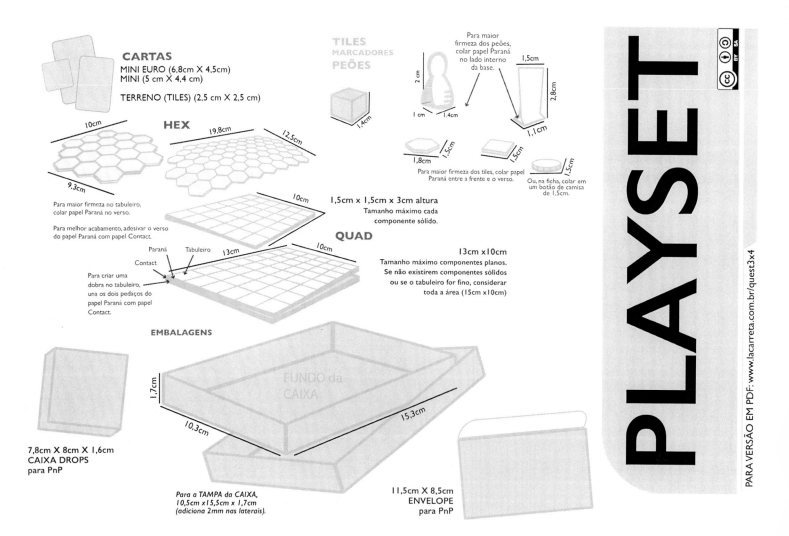

PARA XEROCAR - PARTE INTEGRANTE DO LIVRO - COMO FAZER JOGOS DE TABULEIRO: MANUAL PRÁTICO- MARCELO LA CARRETTA

CAIXA - FRENTE - 15,5cm X 10,5 cm X 1,7cm   *PLAYSET*

PLAYSET

130 PARA XEROCAR - PARTE INTEGRANTE DO LIVRO - COMO FAZER JOGOS DE TABULEIRO: MANUAL PRÁTICO- MARCELO LA CARRETTA

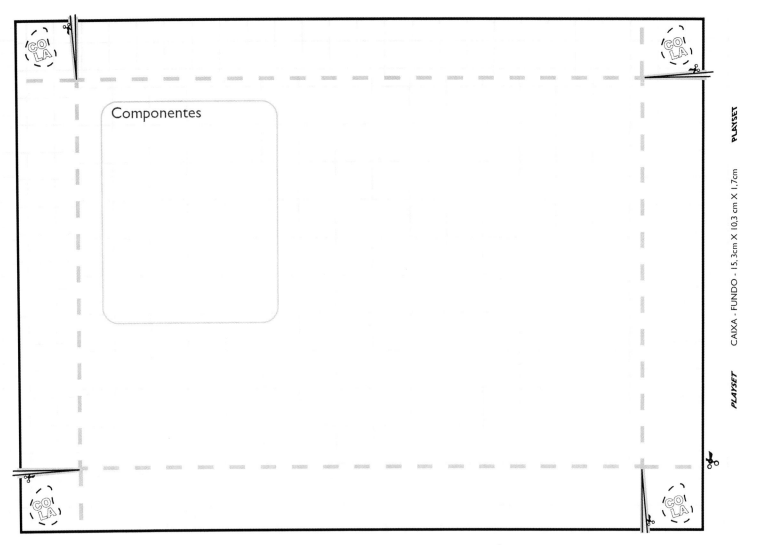

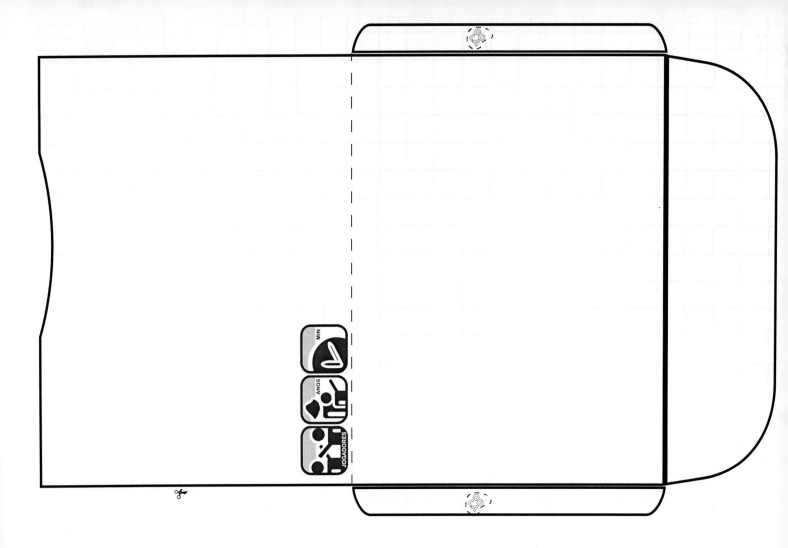

132 PARA XEROCAR - PARTE INTEGRANTE DO LIVRO - COMO FAZER JOGOS DE TABULEIRO: MANUAL PRÁTICO - MARCELO LA CARRETTA

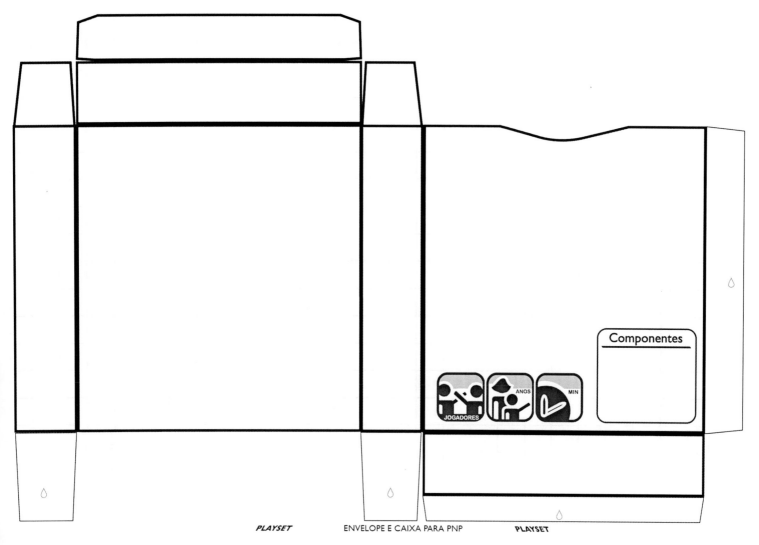

PLAYSET   ENVELOPE E CAIXA PARA PNP   *PLAYSET*

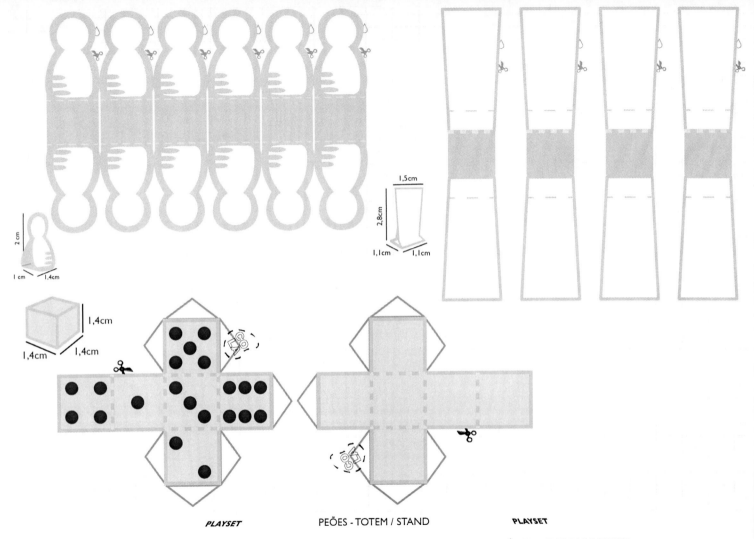

PLAYSET   PEÕES - TOTEM / STAND   PLAYSET

134   PARA XEROCAR - PARTE INTEGRANTE DO LIVRO - COMO FAZER JOGOS DE TABULEIRO: MANUAL PRÁTICO - MARCELO LA CARRETTA

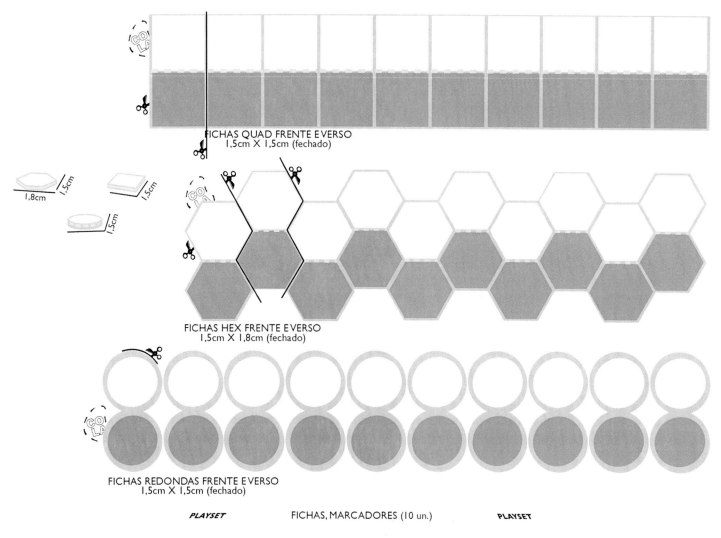

PLAYSET TABULEIRO QUAD 8X6 (10cm X 13cm) PLAYSET

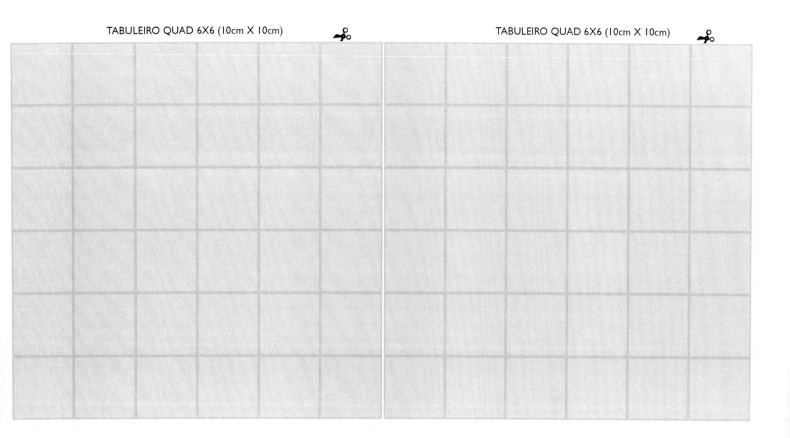

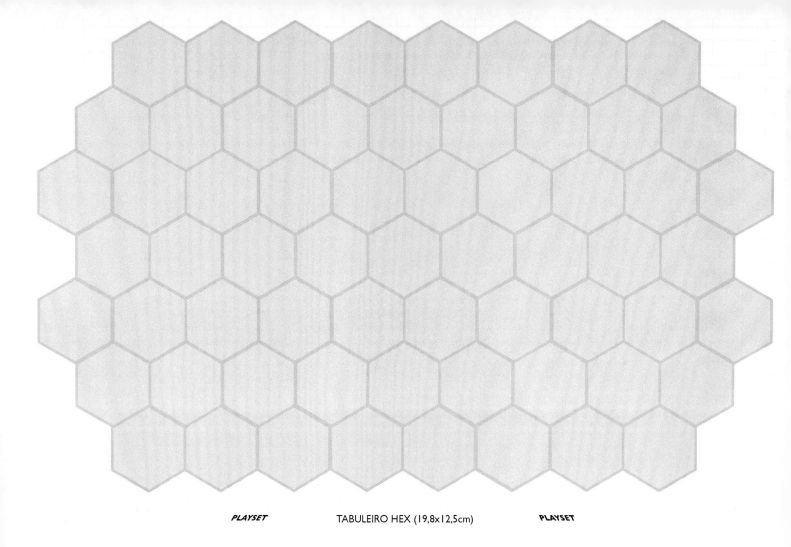

PLAYSET   TABULEIRO HEX (19,8x12,5cm)   PLAYSET

138   PARA XEROCAR - PARTE INTEGRANTE DO LIVRO - COMO FAZER JOGOS DE TABULEIRO: MANUAL PRÁTICO- MARCELO LA CARRETTA

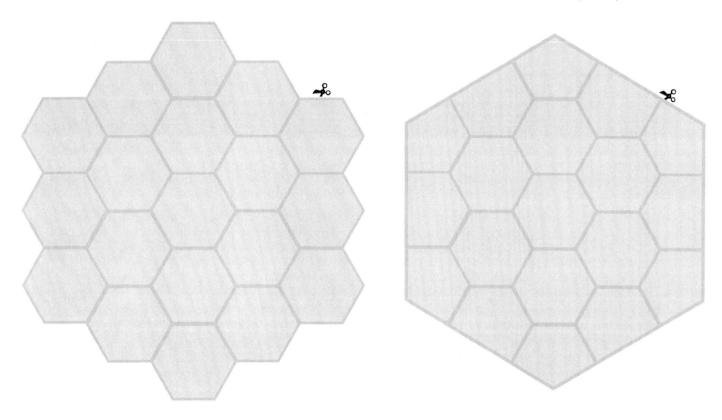

Recortar e usar O VERSO destas cartas *PLAYSET*   45 TERRENO (TILES) (2,5 cm X 2,5 cm)   *PLAYSET*

PARA XEROCAR - PARTE INTEGRANTE DO LIVRO - COMO FAZER JOGOS DE TABULEIRO: MANUAL PRÁTICO- MARCELO LA CARRETTA

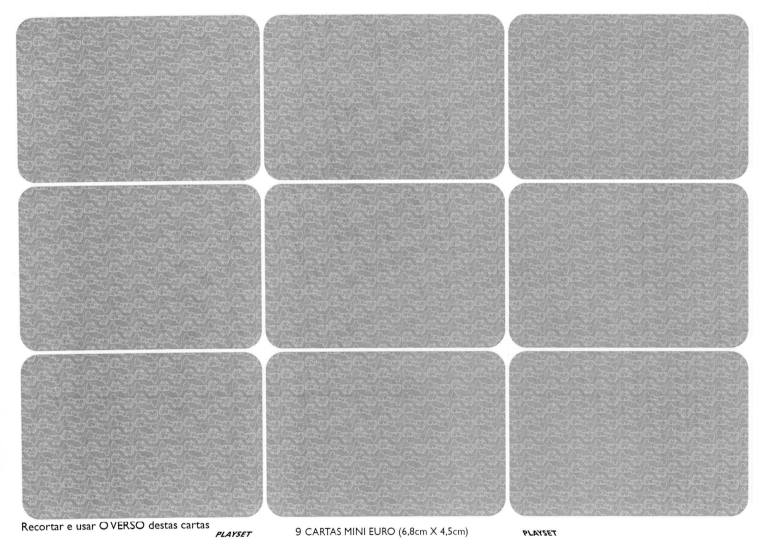

Recortar e usar O VERSO destas cartas   PLAYSET   9 CARTAS MINI EURO (6,8cm X 4,5cm)   PLAYSET

PARA XEROCAR - PARTE INTEGRANTE DO LIVRO - COMO FAZER JOGOS DE TABULEIRO: MANUAL PRÁTICO - MARCELO LA CARRETTA

Recortar e usar O VERSO destas cartas PLAYSET   8 CARTAS MINI (5 cm X 4,4 cm)   PLAYSET

PADRÃO (PATTERN) PARA VERSO

JOGO PENSADO E PROTOTIPADO? É HORA DO PLAYTEST!

Parece que essa etapa está chegando adiantada, mas não: é realmente a hora de testar os protótipos criados. Nós precisamos do *playtest* para saber onde estamos errando, e o que já está pronto. Portanto, nossa melhor dica dessa etapa é: chegue rápido nela. Quanto mais rapidamente você conseguir chegar a um protótipo viável para testar, mais rápido seu jogo vai ficar pronto.

O que você precisa:
- A melhor versão prototipada em manuscrito que você tiver (ou seja, mecânicas bem lapidadas e componentes suficientes para uma partida). Ele pode (e deve) ser feito à mão, mas deve ser um protótipo jogável, com começo, meio e fim.

NOTA IMPORTANTE: a questão das regras IMPRESSAS

Sabemos que as regras de um jogo de tabuleiro são importantíssimas. São elas que norteiam os jogadores, dão sentido aos instrumentos, potencializam ações e nos inserem em uma *Lore* inicial. Se existe uma coisa que diferem jogos de outras atividades lúdicas, como brincar, é a presença de regras. E se tem uma coisa que difere de fato jogos de tabuleiro de jogos digitais, é como essa regra se manifesta: enquanto jogos digitais possuem recursos que conseguem, de certa forma, *camuflar as regras*, usando desde uma IA eficiente que encoraja a experimentação a diversas maneiras de apresentar as mecânicas básicas e complexas através de tutoriais, os jogos de tabuleiro dependem de uma coisa só: *leitura* e *interpretação* de textos e signos. Uma leitura malfeita coloca em risco a própria experiência do jogo. É natural, em eventos onde se mostram os protótipos, a presença do dono do jogo, o gamedesigner, explicando verbalmente as regras. Isso, de fato, muda a maneira de perceber o jogo para quem o joga pela primeira vez: trata-se de um tutorial assistido, com um sujeito a apresentar o jogo para uma audiência específica, como se fosse um mestre de cerimônias. E ele é mesmo. Mas, se seu jogo vai ver a luz do dia do ponto de vista comercial, nem sempre você vai estar por perto, amigo gamedesigner. E será que o seu jogo consegue se sair bem quando ele tem que se apresentar **sozinho**?

Existe um velho ditado: todo bebê é lindo para os pais, mas para os outros, se parece com um joelho. Quando somos o mestre de cerimônias do nosso jogo, tendemos a apresentá-lo socialmente da melhor forma possível. E os receptores, os jogadores, se sentem coagidos a fazer cerimônia, tal qual a primeira visita a um bebê. Nunca diriam que ele tem defeitos, ou pelo menos, não diriam isso a você, o pai/mãe, à queima roupa. Da mesma forma, você não consegue ver direito os defeitos do seu jogo, se você está preocupado em apresentar, agradar, e não avaliar.

Então, deixar ele se apresentar é como deixar o seu filho no primeiro dia na escola: ele tem que se virar, e você, apreensivo, tem que apenas observar e ver se fez direito a lição de casa: se lhe deu condições de se virar sozinho, se ajudou em sua educação, se ele vai sobreviver ao mundo hostil. Parece exagero, lirismo, mas é exatamente assim que a coisa funciona.

Na hora de escrever as regras do seu jogo, pense como você o apresenta, imagine a ordem, e comece a rascunhar uma ordem de apresentação. A ordem costuma ser assim: apresentação do conceito, apresentação dos componentes, preparação (como preparar o jogo para ser jogado), como jogar, condição de vitória. Porém, nem todo jogo de tabuleiro obedece essa ordem. A seguir, um compilado de opções que o seu jogo pode precisar para ser melhor entendido:

- apresentação da história inicial, com referências diretas aos componentes da partida;
- modo tutorial, apresentando certos componentes somente na hora em que eles serão usados na partida;
- ilustrações dos componentes, com setas ou números indicando exatamente quando eles aparecem nas regras (ex.: use as cartas (A) para alocar os recursos (B) no mapa (C), acumulando pontos (D) para vencer a partida. Insere-se esses A, B, C e D na foto dos componentes já montados sobre uma mesa). As editoras de jogos modernos usam muito esse recurso;

- resumo das ações que os jogadores precisam realizar na partida, para rápida consulta (resumo do turno). Normalmente, na última folha das regras, ou em uma carta-lembrete;
- quando o jogo é muito complexo em termos de setup, e permite muitas dinâmicas de customização e alocação de recursos, a criação de uma partida tutorial é uma ótima saída. Como funciona: pense em uma partida de apresentação para o seu jogo, com um setup bem básico, já adiantado, com o máximo de componentes já pre-configurados para o jogador iniciante. Apresente as mecânicas, uma condição de vitória rápida, e pronto. Ele irá se sentir encorajado a provar o jogo inteiro mais tarde, e você tem algo para apresentar nos eventos de playtest de protótipos, onde o tempo para mostrar aos interessados o seu jogo se resume a menos de 10 minutos. Já vimos muito jogo bom que não avança por não conseguir ser jogado nos eventos dessa natureza. Não tem tempo para ser apreciado, e isso frustra o gamedesigner.

Continuando sobre a redação das regras: uma observação digna de nota é que roteiristas de audiovisual, que sabem redigir roteiros em Master Scenes (ou seja, o roteiro formatado comercial, aqueles bonitos de Hollywood e leis de incentivo), se dão bem quando escrevem regras para jogos. A explicação se resume em duas notas:

- essas pessoas sabem que não é função do roteiro explicar a história, e sim programar os eventos para que eles aconteçam na hora correta. A função do roteiro não é criar, e sim, planejar as cenas;
- Roteiristas não possuem vício de linguagem das obras de literatura. Aliás, roteiro não é, de forma alguma, uma literatura. Literatura sugere interpretação, e tudo o que o roteirista não quer é que interpretem o que ele escreve. O produtor, o diretor, os atores, a direção de arte, devem receber do roteiro diretrizes, sugestões diretas, não coisas soltas para serem interpretadas. Para se ter uma ideia de como isso é importante, vamos para o vício de literatura mais comum: em redação de texto, é errado repetir a mesma palavra na mesma frase. Em roteiros, isso é obrigatório. Se o roteirista trocar casa por casebre e lugarejo, o pessoal responsável pela locação do lugar pode

entender que se trata de três locações, e não apenas uma. O mesmo vale, então, para regras de jogos: nada de escrever "peão", depois "ficha", e logo a seguir, "movimento a Ana pelo tabuleiro." Afinal, de qual componente estamos falando?

Contudo, existe uma diferença crucial entre **escrever** regras e **diagramar** regras. Escrever trata literalmente de colocar no papel tudo aquilo que você acha que os jogadores deveriam saber ao jogar seu jogo; já diagramar consiste em colocar essas informações nos locais corretos, criando um direcionamento de entendimentos do sistema. Não tenha preguiça de desenvolver as regras, pelo menos um dia antes desse *playtest*. E não ache estranho se elas não estão sendo entendidas. O que o avaliador deve perceber é:

- se o erro está no jogo, que não possui um sistema coercitivo;
- se as regras, da maneira que estão escritas, interrompem a jogabilidade ao invés de nortear. As regras devem funcionar como um norte; ou seja, elas devem ser como um tutorial de ações. Se os jogadores discutem sempre a cada jogada, questionando as regras constantemente, as regras não devem estar boas;
- ou se as regras estão lá, impressas, mas não estão nos lugares onde os jogadores a estão procurando;
- é uma velha máxima: **algo está errado se consultamos o manual mais de duas vezes**. Desconfie se isso acontecer, pois é um sinal que o jogo não está claro o bastante.

A dinâmica do Playtest

Nossa mecânica de playtest funciona normalmente em grupos de gamedesigners que possuem jogos para testar (3 ou 4 grupos, que vamos chamar aqui de A, B, C e D), e funciona em apenas uma hora, nas seguintes etapas:

ETAPA1: Os criadores do jogo (A) colocam seu jogo sobre uma mesa. O setup (preparação) do jogo é todo feito, deixando no fim as regras impressas. e se afastando da mesa, deixando-a livre para os jogadores testarem o jogo.

Os criadores do jogo (A), deixam apenas o integrante que mais sabe sobre o sistema do jogo. Este pega a ficha de avaliação do protótipo (disponível no final deste capítulo para xerocar), uma caneta, e fará as anotações pelo grupo. Ele é chamado, nessa etapa, de *observador*. Os gamedesigners dos jogos (B), (C) e (D) fazem o mesmo. Essa etapa não pode durar mais do que 10 minutos.

ETAPA II: testando

Os criadores dos jogos (B), (C) e (D), misturados, sentam-se à mesa para jogar o jogo (A). Eles começam a ler as regras, pensando mais em jogar o jogo do que avaliá-lo.

IMPORTANTE: Durante os 10 minutos iniciais, o observador do jogo (A), que está com a ficha de avaliação e a caneta, NÃO PODE interagir com os jogadores de forma alguma (mesmo que ele precise apenas apontar para os jogadores como ou onde começa a partida, por exemplo).

Somente depois desses 10 minutos, o observador representante do jogo (A) pode, de fato, começar a intervir na partida, norteando, condicionando as dúvidas que surgiram naqueles 10 minutos, e auxiliando os jogadores (agora, na função de *facilitador*). Ele pode intervir, inclusive, adicionando a lápis ou canetinha, *na hora*, elementos que precisavam estar no protótipo para ele ser jogado corretamente.

Essa parte da dinâmica é muito importante e não deve ser renegada. Se, em 10 minutos, seu jogo não consegue "se vender" sozinho, fazendo com que os jogadores mergulhem nele, ele deve ter sérios defeitos de formação.

Um bom sinal de que o jogo está sendo bem avaliado é *o ambiente descontraído,* e sobretudo, *o riso*. Em um jogo, o *círculo mágico* é algo a ser perseguido, algo a ser conquistado por nós, gamedesigners. Quando o jogador está envolvido, ele deixa de executar as tarefas ordinárias e passa a vivenciar a partida.

ETAPA III: feedbacks

No fim da partida, os jogadores resumem os feedbacks para o observador (contando que, normalmente, os jogadores acabam conversando - e muito - sobre erros e acertos do jogo ao longo da partida inteira).

Nesta hora, os grupos de jogadores se desfazem, e todos voltam para as suas mesas originais.

O observador/facilitador do jogo (A), de posse da ficha e com esses feedbacks, resume o que aconteceu na partida e avalia os resultados junto ao seu grupo. Essa ficha é fundamental, e vai ser o norte das decisões a serem tomadas. Faz diferença a presença de um observador mais honesto, um sujeito que sabe a diferença entre quem está sendo avaliado ali: o jogo ou a sua capacidade enquanto *gamedesigner*. Isso é maturidade profissional. Feedback não deveria ser sobre "o jogo está lindo", mas sim sobre "notei que eles se perguntaram três vezes, ao longo da partida, sobre a função desse símbolo aqui, ele deve ter um problema. E o problema não deve ser das regras, já que todo mundo já tinha entendido a sua função. Deve ser um defeito de coerção do design do símbolo, ou temos que criar um método para que essa função seja mais incorporada ao sistema do jogo, para ser executada de forma mais natural."

Por isso, valorizamos muito a nossa ficha de avaliação. Ela é o nosso painel de controle. Na página seguinte a destrinchamos, e sugerimos que estudem com atenção a função de cada ponto dela ANTES de começarem o playtest, pois ela é o resultado da compilação de mais de 10 anos de testes dos mais diversos jogos.

A Ficha de avaliação

Na ficha de avaliação, temos pontos que devem ser observados com extremo cuidado. Entretanto, temos que ter em mente algo de forma geral:

Meu sistema de jogo permite, sozinho, que os participantes joguem corretamente? Eles entram no círculo mágico? Se não entram, o que está os impedindo de entrar?

E só então, comece a fazer checks positivos (ou negativos) na ficha. Dificilmente um jogo está pronto na primeira vez que ele participa de um playtest; difícil não, é impossível. Então, seja severo nas anotações. Afinal, é o jogo que está em teste, não você.

Anote o horário do início do teste. Algo que, ao ser jogado, demora muito ou pouco depende estritamente do público que está jogando. Tenha em mente isso: às vezes, seu jogo pode ter demorado muito pelo perfil do grupo que o testou. Ou simplesmente ele está mal explicado para os jogadores iniciantes.

Tem outros tipos de tempo, que devem ser vistos, entendidos e balanceados: o tempo de duração de cada rodada em uma partida e o turno individual, o que cada jogador gasta de tempo ao realizar uma ação. Muito tempo no primeiro gera um enorme *downtime*, no qual seus jogadores demoram a fazer alguma coisa entre uma rodada e outra; e muito tempo no segundo gera uma rodada imensa, na qual seus jogadores até esqueceram o que o primeiro jogador da rodada fez. Esse equilíbrio deve ser imposto pelo balanceamento das opções dentro do sistema do jogo.

DESCRIÇÃO DE CADA ITEM DO PLAYTEST

Boa diagramação das regras impressas
Entender como o mundo do seu jogo funciona e o que você pode fazer dentro dele é função das regras, acredite. É pelas mãos das regras que o usuário toma conhecimento do que fazer no seu jogo, e o sentido, o porquê dele estar fazendo isso.

Bom Setup: indicadores de como começar a jogar
O Setup inicial deve nortear os jogadores, conduzi-los; mas também mostrar o potencial da partida que está por vir.

Flow System: partida com fluidez, sem quebras
O jogo deve se comportar como um verdadeiro organismo vivo, orientando, norteando, dando vazão a estratégias, e sobretudo, divertindo.

Mecânica "Learn to Play" (leu, aprendeu)
Dá para perceber quem assimilou melhor a mecânica, apenas olhando para as estratégias que ele está tecendo em seu segundo turno.

Mecânica sem repetições excessivas
Os seus jogadores executam a mecânica de forma brilhante, mas sempre da mesma forma? Tome cuidado, pois o jogo pode estar funcionando, mas ele será abandonado depois de assimilado. Uma mecânica deve permitir que os jogadores apropriem-se dela para criar soluções criativas.

Mecânica geradora de ambientes para estratégias
Um jogo que não oferece alternativas para vencer, ou que penaliza demais os jogadores, ou que dá vantagens demais para um determinado jogador, pode comprometer a partida inteira.

Lore Design (narrativa encaixada no gameplay)
Por mais que nesta etapa inicial quase não exista design de narrativa, é comum termos uma ideia de temática envolvida. Mas a temática está coerente? Tartarugas estão tendo uma mecânica associada à lentidão, e coelhos, a algo rápido?

Design coercitivo (peças indicam funções)
Esse é um ponto interessante, pois todo design, a princípio, deveria ser coercitivo, de condução quase que forçada, fazendo com que seus jogadores entendessem, só de "bater o olho", sua função e propósito.

Design fisicamente palpável dos componentes
Como está fisicamente disposto o seu jogo? Ele aguenta uma partida? Dá para tirar os tiles de lugar sem bagunçar todo o resto, ele comporta, de fato, quatro jogadores?

Balanceamento sem benefícios ou exageros
Temos um jogo quebrado quando executamos uma ação que nos impede de avançar na partida. Bonificação exagerada e penalização exagerada também entram nesse quesito, pois são elementos que podem danificar a progressão da partida inteira, ou mesmo fazer com que um jogo tenha uma duração muito diferente entre cada partida.

Componentes em nº suficiente para uma partida
Não é apenas sobre essa partida em particular, mas qualquer uma que o seu jogo possa vir a enfrentar, visando, inclusive, a uma retrojogabilidade.

Tempo de duração equilibrado
Ele precisa ter um setup diferenciado para o número de jogadores? Em tempo, também existe duas situações: aqueles jogadores que estão experimentando o jogo pela primeira vez, e aqueles já familiarizados com o jogo. Mas, se algum jogador resolve o jogo em dois turnos apenas, temos um erro, pois não existe circulo mágico que consiga ser formado em apenas duas rodadas. Seu jogo é apenas um experimento, um desafio interativo, e não um jogo de fato.

PLAYTEST

Nome do Jogo

de ☐☐ : ☐☐   a ☐☐ : ☐☐

DURAÇÃO DA PARTIDA

Check List

REGRAS
- 👍👎 Boa diagramação das regras impressas.
- 👍👎 Bom *Setup*: indicadores de como começar a jogar.
- 👍👎 *Flow System*: partida com fluidez, sem quebras.

MECÂNICAS
- 👍👎 Mecânica *"Learn to Play"* (leu, aprendeu).
- 👍👎 Mecânica sem repetições excessivas.
- 👍👎 Mecânica geradora de ambientes para estratégias.

DESIGN
- 👍👎 Lore Design (narrativa encaixada no gameplay).
- 👍👎 Design coercitivo (peças indicam funções).
- 👍👎 Design fisicamente palpável dos componentes.

BALANCEAMENTO
- 👍👎 Balanceamento sem benefícios ou exageros.
- 👍👎 Componentes em número suficiente para uma partida.
- 👍👎 Tempo de duração equilibrado.

FEEDBACK

_____   _____
_____   _____
_____   _____
_____   _____
_____   _____
_____   _____
_____   _____
_____   _____

Nome do Avaliador

Data ___ / ___ / ___

PARA XEROCAR - PARTE INTEGRANTE DO LIVRO - COMO FAZER JOGOS DE TABULEIRO: MANUAL PRÁTICO - MARCELO LA CARRETTA

PROTÓTIPO IMPRESSO

Os produtos finais começam a ganhar forma, e o design final do jogo. surge no horizonte. Nesta hora, aparecem questões como: quando e o que ilustrar? quando usar *bitamp*? Quando usar vetores? qual a aparência do verso das minhas cartas? Como inserir texto, sem ficar poluído?

Com dito anteriormente no capítulo sobre temática, tenha em mente que existem sempre dois pontos de design que devem ser considerados:

Design Instrucional X Design Representativo

Ou seja, antes de criar um elemento de design, pergunte-se sobre qual é a sua finalidade. Se é para representar melhor os personagens, dar apoio narrativo no tabuleiro, melhorar a narrativa da temática, ou mesmo uma representatividade imagética, trata-se de **Design Representativo**.

Se certas informações impostas pelo design é o que marcam a condição de vitória, impõem uma diretriz, explicam como funciona uma jogada, ressaltam a posição e a estratégia, trata-se então de um **Design Instrucional,** e sua finalidade é a de dar norte e tornar o sistema inteligível, capaz de ser absorvido por todos.

Notem as duas diferenças cruciais: enquanto o primeiro dá **roupagem**, o segundo trabalha com **instruções**. No entanto não significa que o que instrui deve ser feio, nem que o que representa deve ser floreado demais, a ponto de não dialogar com o ícone instrucional. Só tenha em mente da serventia dos seus elementos de design, e de que cada elemento só pode transitar em um desses lugares, sob o risco de tornar o seu jogo confuso de ser jogado.

Quer fazer uma carta que tenha como função bloquear, impedir? Simples, marque essa carta com um grande "X". Porém, se o seu sistema de jogo tem como mecânica multiplicação de itens, e o seu símbolo for confundido com "multiplique"? Esse é um erro (bem comum, por sinal) na escolha do design. Em resumo, as regras dão norte, mas o papel do design instrucional é guiar os jogadores em um caminho mais natural ao longo da partida. Peças, cartas e demais componentes deveriam servir para esse fim. Até a posição deles na mesa influencia na partida.

Na construção dos nossos jogos-exemplo, queríamos ao máximo fugir dos elementos que remetessem a uma temática, deixando os jogos mais lisos possíveis; porém, na tentativa de fugir da mesmice dos ícones de espadas, paus, copas e ouro, que sempre remetem a cartas (e, por consequência, a jogos de azar), decidimos tentar algo diferente. Mas, confessamos: falhamos miseravelmente nisso. Experimentamos trabalhar com formas básicas – **quadrado, círculo e triângulo** – e logo apareceram novos problemas.

Triângulo: Dependendo de como ele estava orientado, os jogadores achavam que era uma seta, indicando para onde deveriam ir. Isso gerava confusão, especialmente em um contexto que não tinha nada a ver com direção.

Círculo: Muitas vezes, os jogadores interpretavam o círculo como um portal ou algum tipo de poder especial, achando que poderiam se teletransportar para outro círculo no tabuleiro.

Quadrado: Bom, o quadrado nem preciso dizer. Se você coloca um quadrado em um tabuleiro que já é dividido em quadrículas, ele se mistura completamente e perde qualquer função. Ele vira "só mais um quadrado" entre tantos outros.

Essas tentativas mostram como até os elementos mais simples carregam significados implícitos. E se esses significados não forem compatíveis com a mecânica ou a temática, você acaba criando ruído na experiência do jogador. No final, a forma precisa ter uma função clara – e essa função precisa ser imediatamente reconhecível e alinhada ao propósito do jogo.

Então, percebendo a importância disso para um jogo, damos a dica: se puder, **não abra mão de um designer nesta etapa.** Designer mesmo, profissional, que entende os meandros da Comunicação Visual de um produto. Existem vários sites que disponibilizam arte vetorial básica, tipo setas, ícones, etc. Mas se quer um projeto de comunicação visual, que integre tudo e dê sentido, que tenha personalidade, é hora de correr para um que entenda do assunto. Ao menos, consulte um. Sempre surgem informações valiosas, soluções inesperadas, problemas não vistos, mesmo quando consultamos pessoas que não entendem nada de gamedesign, mas tem estrada longa em design.

Porém, sobre ilustrações e um maior design representativo como um todo, não podemos dizer o mesmo... Qual a hora certa de investir em ilustração própria/exclusiva?

O ilustrador final pode encarecer o produto, e acreditamos que ainda não é o momento ideal para uma ilustração profissional, pois o jogo não está pronto. Mas essa dica é complexa, especialmente vindo deste autor aqui, que é, antes de tudo, ilustrador... Normalmente, faço as ilustrações dos meus jogos exatamente nessa fase, mas como gamedesigner, acredito que o foco agora deveria estar nos testes, no design e nas conversas com editoras (que geralmente têm seus próprios designers e ilustradores). No entanto, se o objetivo é lançar o jogo de forma independente e você mesmo será o ilustrador, então é realmente hora de pôr a mão na massa e demonstrar seu talento!

Hora de imprimir!

Nesta etapa, os jogos são impressos pela primeira vez (em impressora caseira mesmo), montados e jogados, a fim de evidenciar se o produto está pronto. O propósito é avaliar se o jogo já pode ir para uma etapa final de acabamento, se seus componentes estão funcionais e, sobretudo, se o jogo suporta fisicamente e estruturalmente uma partida inteira.

Os critérios finais de avaliação devem ser os seguintes:
- adequação aos Design Tricks sorteados e/ou planejados;
- adequação ao tema proposto (tanto em termos de narrativa como em design);
- ser Print n' Play (disponibilizado em PDF para ser impresso em folhas A4, fácil de ser replicado em uma impressora caseira);
- cores certas, e layout em tamanho adequado para impressão.

Mas, a dica principal nesta etapa ainda é:

JOGUE, TESTE, JOGUE!

Não é porque você está na etapa de finalizar o protótipo, que é hora de abandonar os *playtests*. É exatamente o inverso: quanto mais o seu jogo "ver mesa", (jargão dos apaixonados por jogos de tabuleiro, que contam quantas vezes determinado jogo de tabuleiro é jogado, ou seja, ele é montado, "vê" uma mesa), melhor.

Ah, e nem que isso seja uma "mesa virtual". Estamos falando de sites que disponibilizam arenas para montar e testar seus protótipos de tabuleiro como se fossem uma mesa real, como Tabletop Simulator. Se já era uma prática da era moderna, com momentos bem escassos de encontros presenciais, com a Pandemia se tornou uma febre. Inclusive temos uma interessante história do período pandêmico: no intuito de ajudar a passar o tempo, "ficar em casa", a empresa que trabalhava teve a fantástica ideia de disponibilizar, de graça, jogos Print n Play. Bastava imprimir os nossos jogos, recortar, colar e jogar. Mas o feedback foi desanimador: "os jogos parecem bem legais, mas só vou poder jogá-los quando voltar para o escritório; só lá tem impressora." Com isso, percebemos que nem todo mundo tem impressora em casa, algo que era muito comum em meados do início deste século. Novos tempos, novos desafios.

De qualquer forma, isso serviu para enterdermos que deve-se procurar aplicar o jogo para **um grupo que represente de fato seu público alvo**.

Jogadores mais Hardcore frequentam lugares temáticos, eventos exclusivos de jogos de tabuleiro, mas costumam ser bem ferrenhos (e cruéis) em críticas e sugestões; jogadores mais casuais tendem a se cansar rápido se a experiência está sendo complexa; crianças têm uma percepção bem particular, que sempre deve ser levada em conta. Mesmo quando o jogo não é para esse público alvo, é bem interessante fazer um *playtest* com crianças entre 7 e 12 anos, pois elas não se incomodam em elogiar ou criticar ferozmente quando necessário.

Uma vez, um grupo da prefeitura de Curitiba me contou que testou os 6 essenciais com alunos de escolas Municipais e Estaduais em uma dinâmica bem interessante: Ao invés de imprimirem os jogos originais, eles os recriaram em versões gigantes, com os alunos sendo as peças.

Achei genial. E deve ter sido bem dinâmico e divertido.

Em resumo: saiba para qual público você está fazendo o seu jogo, pois simplesmente não existe jogo que agrada a todos.

Criando o protótipo final (versão Deluxe)

Esta parte consiste em entregar uma versão física final, bem construída e finalizada. Nesse momento, uma versão Deluxe (peças mais bem-acabadas, uso de outros materiais mais nobres ou diferentes, como madeira, tecido e PVC) é permitida, mas sem perder a essência de que esse jogo consegue coexistir em PnP. Afinal, nem sempre você vai estar por perto para mostrar o seu jogo.

O uso de uma gráfica rápida de confiança é o caminho nesta etapa. Nada de tentar, de cara, usar um método mais industrial. Se for pensar em uma versão mais comercial, com uma tiragem pesada (mil cópias, que é o mínimo que uma editora de grande porte trabalha, por exemplo), esgote todos os problemas que uma versão impressa pode vir a ter. Antes de partir para uma versão de tiragem grande, vale também tentar uma consultoria com um Produtor Gráfico (responsável por orçamentos de grande porte, e detentor de certos conhecimentos de insumos, acabamentos e papelaria) Por exemplo: o que é mais barato: peças em acrílico, madeira, ou impressão em 3D? A caixa vai ser em dobradura ou colada? Vai ter verniz localizado? Como avaliar a boneca de impressão, ou mesmo se está diagramado de um jeito que resulta em uma impressão sem muita perda de papel? Alguns componentes são mais baratos se forem encomendados da China? Quantas cartas cabem em uma folha, sem perda? E como fazer faca especial, ou mesmo punchboard? E o que é *Punchboard*? Estas são as questões em que o Produtor Gráfico pode ser bem útil. (e se ficou curioso, temos um glossário ao final do livro) =]

Um detalhe: a maioria das gráficas rápidas só trabalha com impressões no formato A3. Sabe o que isso significa? Se seguiu à risca até aqui o nosso livro, usando inclusive o nosso playset, **dá para imprimir quatro pranchas do seu jogo usando apenas uma página A3.**

Mesmo assim, costumamos considerar que vamos imprimir as pranchas do nosso jogo duas vezes, sendo a segunda o *plano B:* se na hora do corte manual ou da cola algo dá errado, já tem uma folha pronta para voltar a tentar. Fora que, de uma vez só, você já tem material suficiente para imprimir *dois jogos*.

Vale tentar imprimir todo o material em um lugar só. Gráficas rápidas não são os melhores lugares para confiar na cor da tinta. A mesma gráfica, inclusive, pode apresentar uma cor diferente de um dia para outro, ou mesmo da manhã para a tarde, pois troca-se o tanque do toner, a tonalidade da mistura pode variar.

Dicas para imprimir o protótipo final*

CAIXA

Para o nosso exemplo, uma folha A4 com as duas pranchas, impressas em papel couchê na maior gramatura que tiver (normalmente, 300 gramas) e laminadas, já basta.

Se for fazer um tabuleiro ou peças muito pesadas, faça a caixa primeiro em papel Paraná, e imprima a arte em vinil adesivo laminado. Se tiver dificuldade, peça para alguém fazer uma caixa de forma profissional (papel Paraná, dobras e vincos nos lugares certos, cola própria, papel próprio, e talento próprio para nada sair do esquadro). Evite usar papelão microondulado, ele não dá um acabamento profissional. Caixas em MDF são uma boa opção, mas não cedem ao encaixe como o papelão. Ou seja, seu jogo pode despencar se não tiver um elástico ou coisa parecida. (fora o peso desnecessário).

TABULEIRO

Nunca é bom tentar imprimir o tabuleiro direto no seu suporte final. Até existem impressões em objetos mais duros (madeira, PVC); mas, além de ser difícil de encontrar, o processo é bem mais caro. A ideia é sempre imprimir em papel adesivo o tabuleiro (vinil adesivo opaco, laminado) e aplicar sobre uma superfície dura. e atenção à dobradura para fechar da melhor forma esse tabuleiro.

Opções:

Papel Paraná 420grs.

Encontrado em papelarias em geral, ele tem alta resistência. O ideal é primeiro adesivar a parte de trás com um *contact* preto, encapando ele todo do lado de baixo e deixando uma borda sobrando para encapar pelo menos 5% das laterais da frente, para um melhor acabamento. Dobrar o tabuleiro é sempre um desafio: tente criar o espaço em segmentos, como se fosse um quebra cabeças. Se for optar por deixar ele dobrado, corte o papel paraná em segmentos, unindo ele depois por intermédio do papel *contact*.

Outras superfícies (madeira, PVC)

Funciona, mas fique atento à sua gramatura. Um tabuleiro pesado demais compromete a estrutura da caixa que vai condicioná-lo.

Impressão em tecido

Tem crescido muito essa tendência. Impressão em tecido permite um melhor acabamento, além de poder ser impresso como pergaminho (ou seja, num espaço bem maior). Só fique atento, de novo, à gramatura: imprimir em lona pode ser uma ótima ideia, mas será necessário reforçar a caixa.

Modo "brasileiro"

Sempre existe um tabuleiro comprado em lojas baratas, ou o

---

*para mais dicas, visite www.lacarreta.com.br/quest3x4. Lá tem o nosso canal do Youtube!

resto de um tabuleiro cujas peças nem existem mais. Só se lembre de adesivar com contact preto todo o tabuleiro antes, pois o adesivo em vinil ainda tem um pouco de transparência.

CARTAS

As cartas devem obedecer um tamanho mínimo parecido a de um cartão de visita (9cm X 5cm). Pequeno demais não dá leitura, grande demais fica parecendo um deck, não uma carta. Exceção: Jogos infantis (com o acréscimo ainda de cantos arredondados).

Particularmente, é melhor buscar as dimensões padrão usadas pelas editoras de jogos de tabuleiro, a saber:
- Mini Euro: 4,4cm X 6,7cm (as que mais usamos para prototipar nossos exemplos)
- Euro 5,9cm X 9,2cm
- Padrão USA 5,6cm X 8,7cm
- Tarot: 6,9cm X 11,3cm

Fazer cartas em um padrão favorece também o uso de *sleeves*, que são plásticos resistentes comprados exatamente para proteger as cartas dos jogos comerciais. São fáceis de encontrar em lojas especializadas.

Para imprimir, prefira fazer todas as cartas em uma ou mais folhas em A4. Para o verso, existem duas opções: ou faz um pattern (padrão gráfico que se repete e faz uma trama, tipo a logo do jogo repetida muitas vezes), ou a logo do jogo uma vez só, centralizada em cada verso da carta; evite aproximar-se muito da borda da carta, pois em gráfica rápida você não tem muito controle sobre o casamento da frente e o verso.

Opções:

Papel Couchê, maior gramatura que tiver disponível na gráfica rápida. Tentar **laminar a impressão** para um melhor acabamento e resistência.

"Casar páginas" (fazer com que o verso coincida com a frente) é sempre um desafio. Depende do tipo de impressora, pois existe sempre a perda manual da bobina puxando a folha. algumas gráficas têm esse encaixe perfeito, outras dão um espaço de 10 cm (!) entre os lados. Na dúvida, imprima os dois lados, e cola ou mesmo sleeves para juntar os pedaços. Sleeves são sacos plásticos sob medida para armazenar cartas. São uma mão na roda para protótipos também.

Existem outros tipos de papel de gramatura alta, inclusive alguns parecidos com verniz e outros com textura. Só tome cuidado com os de textura e os reciclatos, pois o manuseio das cartas pode apagar o que está impresso nelas.

Existem boas impressoras que fazem corte e faca especial no conforto de casa. Mas só invista nelas se realmente tiver retorno financeiro, pois são caras.

MARCELO LA CARRETTA

PEÕES, DADOS e outros componentes

Sempre procure em papelarias de bairro dados comuns (D6), pois eles são vendidos aos montes como material escolar de apoio pedagógico.

Peões podem ser feitos adesivando botões de camisa (procure tipos variados em lojas de bijuteria ou aviamentos, é sempre uma boa solução). Adesivar e colar sobre um papel paraná é um ótima saída.

Outra dica é pegar 'restolho' de peças em madeira em lojas de marcenaria. O 'jeito brasileiro' também vale aqui: compre um jogo bem barato para tirar as peças, pinte os peões brancos de um jogo barato de xadrez.

Evite ao máximo roletas feitas à mão: elas nunca dão certo e quase não duram.

Impressoras 3D estão ficando cada vez mais comuns, porém ainda é um processo demorado e caro. Só use esse método se tiver certeza que essa será a versão definitiva do seu jogo.

Acrílico e MDF também são boas saídas, mas as dicas anteriores prevalecem. Só use em caso de uma versão mais perto da definitiva.

Importar grande quantidade de peças de lugares onde a produção em plástico é extremamente barata, como a China, acaba sendo a saída da maioria dos fabricantes de jogos de tabuleiro. Só tome cuidado com a procedência da loja, o frete, e o tempo de envio.

E procure por "linha branca para jogos de tabuleiro" na internet, ou mesmo "dados lisos". Você vai se surpreender com a quantidade de ofertas.

- se for usar cola, prefira a cola branca de artesanato, PVA ou TekBond 721. Elas usam pouca água em relação as colas comuns escolares (e, por isso, colam mais dedos, cuidado);

- só use estilete se tiver domínio de como cortar: régua de metal, ângulo certo, base própria (ou de vidro) para cortar;

- sempre tenha à mão dois tipos de tesoura: uma grande, para grandes áreas, e outra pequena, de aviamentos, para recortar detalhes;

- existem canteadeiras para cortar bordas arredondadas bem baratas, é só procurar com o nome certo.

- sabe o que funciona para fazer peças redondas? Vazador de couro! Mas, novamente, cuidado ao manusear.

JOGO PRONTO! E AGORA?

Seu protótipo do jogo está pronto, mas não sabe o que fazer?
É hora de sair à caça.

Existem muitas editoras pelo País, algumas bem jovens, que gostariam de receber um protótipo bem-acabado. Isso economiza um belo trabalho.
No caso de distribuir seu jogo por conta própria, tente entrar na maior rede de eventos que conseguir, fazendo com que o seu jogo ganhe notoriedade, antes de partir para financiamento coletivo, por exemplo (a solução mais interessante que tem surgido para produtores independentes, mas o início de uma dor de cabeça interminável e o fim prematuro de uma carreira promissora, se o projeto não for bem executado. Afinal, o jogador que apoiou seu projeto se sente incomodado se ele paga adiantado e não vê o produto em suas mãos). Tenha consciência que ser "Influencer, Marqueteiro do seu próprio jogo" exige uma onipresença na internet que poucos estão dispostos a aguentar.

Mais importante do que se certificar sobre a distribuição, **veja se seu jogo tem mercado**: quantas pessoas quiseram de fato jogar o seu jogo? Se elas não jogaram, foi por falta de tempo delas, ou falta de tempo para o seu jogo? (Essa resposta faz toda a diferença). Pense, não veja o seu jogo como algo acabado, recolha os feedbacks, sempre trabalhe na ideia, mesmo que isso signifique voltar para o computador e imprimir tudo de novo. A ideia de ele ser PnP é para isso: é um trabalho que pode ser reciclado, é maleável, e pode ser enviado para qualquer pessoa, em qualquer parte do mundo.

Ok, mas começou a te incomodar a ideia de deixar seu jogo sendo jogado por aí? **Crie uma demo do seu jogo**.

Faça uma versão menor, com a alma do seu jogo completo. Funcionaria como um trailer para um filme, com a diferença de ser uma degustação tátil (não poderia ser diferente, pois estamos tratando de um jogo de tabuleiro)! O Marcelo Nery, que nos agraciou com o prefácio da primeira edição deste livro, fala sobre um "jogo amuse-buche" (o famoso aperitivo). Muitos jogos bem sucedidos comercialmente foram exibidos para as editoras e para o seu público assim, através de pequenas demonstrações de todo o seu potencial.

Mas o gamedesigner pode ainda se sentir incomodado com o seu jogo andando a esmo por aí...

Então...
E os direitos autorais?

Por incrível que possa parecer, quanto mais você divulga o seu trabalho na internet e em redes sociais, mais protegido você está. Ao postar fotos do processo, mostrar fotos dos componentes em uma rede, participar de eventos, mais você está mostrando que é um jogo feito por você, na data tal, na hora tal. Os seja, em um processo, por meio dessas postagens, você consegue provar que já estava trabalhando neste jogo antes de outras pessoas. O termo jurídico para isso é **Declaração de Autoria**. Contudo vale ressaltar que mecânica de jogo é algo bem complexo de provar autoria.

Exemplificando: Em filmes, você não pode plagiar um determinado filme de aventura, mas você pode filmar *no gênero* aventura, criar uma aventura muito parecida com o de um filme de aventura. Mecânicas de jogos são parecidos nesse quesito: você pode, por exemplo, criar um jogo que o terreno vai sendo construído aos poucos, e os peões vão tomando suas posições no tabuleiro. Entretanto, se esses terrenos vão construindo caminhos, e os peões pontuam quando o caminho fecha, aí você está praticamente descrevendo o jogo Carcassonne, e isso sim é plágio. O limite é tênue, mas ele existe.

Uma prática antiga (bem antiga, por sinal) para garantir direitos autorais era enviar uma carta registrada para si mesmo, contendo o material original, e guardá-la lacrada até ser aberta em juízo, se necessário.Esse envelope era prova de que você, naquele dia, já possuía os originais desse trabalho, e o envelope era aberto na presença de um Juiz.

Porém **preocupe-se exatamente no oposto:** torne o seu trabalho público, forme uma rede colaborativa, estabeleça diálogos com as pessoas que gostam de consumir e produzir (e que normalmente são *tastemakers*, pessoas que influenciam a compra de produtos como o seu). Já vimos muitos jogos em PnP e em CC (Creative Commons) que, de tão jogados em seu estágio inicial, pediram o que quiseram nas campanhas de financiamento coletivo e conseguiram fechar a campanha em poucas horas. Para financiamento coletivo, vale a regra de oferecer recompensas: expansões (lembra aquilo que ficou de fora no modelo PnP? Isso pode virar expansão, DLC (do inglês "downloadable content", é um conteúdo adicional para jogos). Inclusive, essa é a nossa piada interna aqui no curso de Jogos: não coube no jogo original? Ganhe dinheiro depois com DLC! Nome do apoiador nas regras, cartas e regras especiais feitas pelos apoiadores, *sleeves*, miniaturas, dados especiais, expansão para mais jogadores, tudo vale. Só tome cuidado com muitas promessas... não faça como certos políticos.

NOTA FINAL DO AUTOR

Prof. Dr. Marcelo La Carretta
Coordenador de pesquisa em Jogos Digitais da PUC MInas
Autor deste singelo manual

PS.: Nesta nota final, permitam-me ser mais intimista...

De uns tempos pra cá, tenho sido absorvido com jogos de tabuleiro. Jogos no fim de semana, jogos em sala de aula, em palestras, em livros, em casa, em redes sociais. Chegou ao ponto de me aventurar na criação de jogos comerciais: Fiz o jogo Web 2016 para o GameChef daquele ano, e ganhei o prêmio de melhor Design; Fiz, em 2018 o jogo Plano de Fuga com alguns alunos, e ele foi finalista do SBGames daquele ano. Plano de Fuga gerou uma empresa, a Kiwi Jogos, que funcionou de 2018 a 2024 criando Jogos Sérios e Comerciais de baixa tiragem. O livro foi lançado aqui em BH, no antigo UaiBoardGames.

Sinais de que eu deveria estar no caminho certo... Sem contar os inúmeros encontros com pessoas queridas pelo Brasil: caso de tutoriais de jogos de tabuleiro no interior, encontros (presenciais e virtuais) no Rio de Janeiro (onde conheci o pessoal fenomenal que fazia jogos na Fundação Oswaldo Cruz, e o sempre carinhoso pessoal da Ludus Magisterium). O Rio de Janeiro, local que minha mãe escolheu como meu local de criação, ainda me rendeu experiências fantásticas, como ensinar a criar Jogos de Tabuleiro para crianças em uma Comunidade dentro do Cantagalo Pavão-Pavãozinho, em 2024.

A primeira demonstração do método no SBGames foi em Foz do Iguaçu 2017, e pude ver o entusiasmo em professores que me procuram com carinho até hoje, de várias partes do Brasil. Apresentei este mesmo método no SBGames Curitiba 2018, mesmo com 40 graus de febre (depois descobri que era Catapora), e a última versão dele, agora com 26 exemplos práticos, já no SBGames 2023 Natal, Rio Grande do Norte. Tamanha receptividade gerou o SBoardGames para 2025, o primeiro Festival exclusivo para Jogos de Tabuleiro no SBGames, este que é o principal Congresso LatinoAmericano de Jogos, e tive a honra de ser eleito o primeiro coordenador.

Ah, e neste mesmo congresso, ainda me assusto quando vejo o meu livro figurando entre as bibliografias dos artigos...

Fora encontros internacionais, como a carinhosa turma de Cueque Encuentros Jugados em Montevidéu, Uruguai, e a experiência mais surrealista que já tive até então com jogos: imerso durante quatro dias em Villa Maria, (Córdoba, Argentina), no Festival que ocorre todo ano naquele país, o **Encuentro Nacional de Juegos de Mesa** (Fiquei numa espécie de **Acampamento Lúdico** com mais 150 Argentinos).

Acredito que foi um processo natural, afinal, queria muito que um livro como o que está em suas mãos, leitor, visse a luz do dia. Quando comecei a criar jogos, lá pelo começo dos anos 2000, sentia-me como Colombo indo para as Américas. Tudo era novo, tudo ainda desconhecido. Obviamente, já tinha jogado jogos de tabuleiro, e joguei a minha vida inteira, sem interrupção. Mas desconhecia jogos modernos, por exemplo, me limitando a gameHacks/ReSkins de jogos conhecidos. Não havia prestado atenção que certos jogos simplesmente não conseguem ser encontrados em lojas de brinquedos tradicionais. Nem que existe um nicho enorme de jogadores espalhados pelo mundo, que acreditam que o jogo de tabuleiro é tudo, menos um brinquedo.

Certa vez em uma aula na pós-graduação, um aluno confidenciou-me que se sentia incomodado em fazer um jogo de tabuleiro na minha aula. Achava que era uma tarefa desnecessária. Afinal de contas, em pleno século XXI, como ele ainda estava criando um jogo de tabuleiro? Ele me contou que colocou essa indagação no antigo Twitter. E o que veio a seguir foi uma enxurrada de comentários, dizendo que existiam sim jogos de tabuleiro em pleno século XXI e estão mais novos e interessantes do que nunca. Fazer jogos de tabuleiro não é uma coisa antiga, de infância não resolvida. Não é algo para crianças. Pelo menos, não só pra elas.

E temos o outro lado. O lado dos jogadores absortos em jogos, que transformaram seu momento de lazer em um modo de vida, que defendem o hobby como se fossem os últimos defensores do cânone imaculado dos *boardgames*. Provavelmente, ao ler os capítulos iniciais deste livro, devem fechá-lo ao sentir a presença de Banco Imobiliário, Jogo da Vida, Detetive e do War. E devem, talvez, me odiar para não ter usado o espaço deste livro para citar excelentes jogos como 7 Wonders, A Ilha Proibida, Agrícola, Azul, Blood Rage, Camel Cup, Carcassonne, Catan, Caverna, Clans of Caledonia, Codinomes, Dixit, Dominion, El Grande, Eldritch Horror, Istambul, Kingdomino, Mice and Mystics, My Little Scythe, Pandemic, Splendor, Stone Age, Terra Mystica, Terraforming Mars, Ticket to Ride, Tikal, Twilight Imperium, Viticulture, Wingspan...

Notem que citei todos não em ordem de importância, mas em ordem alfabética. Notem também que devo ter deixado alguns de fora, mesmo com essa enorme lista. E notem também que alguns de vocês que estão lendo isso agora podem afirmar, atônitos, que não faziam ideia da existência de nenhum destes jogos. É um mundo maravilhoso, mas confesso que não é um mundo muito democrático. E por várias razões: as lojas onde encontramos esses jogos não são lojas de brinquedos, esses jogos são muito caros (média de 300 a 1000 Reais CADA, em cotação de 2024), falta de grupo para jogar, falta de espaços para experimentar esses jogos, falta de cultura no Brasil em jogar esse tipo de jogo, etc.

Ah, sobre a cultura: uma vez, perguntaram a um editor de jogos experiente o porquê de o brasileiro não jogar tantos jogos como o europeu. A resposta foi simples e linda:

É o frio.

As condições climáticas do Brasil são extremamente favoráveis para um lazer ao ar livre. Europeus agonizam em suas casas em invernos hiper-rigorosos. Adivinha o que fazem nesse tempo?

A cultura é mais complexa do que imaginamos. E simplesmente não existe cultura melhor que a outra, nem pensamento mais ou menos complexo. Não existe jogo perfeito, que irá agradar a todos. Apenas porque nós não somos iguais em pensamento. Alguns alunos também me perguntam:

– Qual é o seu jogo favorito?

– Organiza pra mim um Top10 ou um Top5, para que eu possa ter em casa?

Para mim, jogo bom é aquele que você, antes de tudo, se diverte. Que pode passar o tempo sem nem perceber que ele passou. Que estabelece conexões com amigos, tios, pais, filhos. Que você pode usar para se divertir com seus parentes. Ou sua turma velha. Ou uma turma nova. Ou com crianças. Ou com alunos barbados. Que ultrapassa gerações. Esse é um bom jogo. Mas depende de perfil de idade, de turma de amigos, de qual tempo você tem para jogar. Existem jogos para mais de 10 pessoas, e existem jogos que você pode jogar sozinho.

E existem jogos antigos, simples e intrigantes, como o Hex.

Hex foi inventado em 1942, por Piet Hein. Ou em 1947, pelo brilhante matemático John Nash (aquele, vencedor de um Nobel, e que teve sua história convertida no romance e filme *Uma Mente Brilhante*). Nash, inclusive, jurou que nunca tinha tido contato com o jogo de Hein quando criou o dele. Talvez você não o conheça como Hex, mas sim como Polygon se você tem contato com alguém da Dinamarca, (diferente do Polygon do resto da europa, que é outro jogo), ou Con-Tac-Tix, se você sabe que esse foi o nome de batismo dado pelo seu criador, Piet Hein. Outro fato curioso (e notório) é que ele era o jogo número um de Albert Einstein, que o mantinha sempre à mão em seu local de estudo. Segundo a história, ainda, Hex foi concebido com partes do milenar jogo asiático GO, um dos mais populares e antigos War Games da história; mas há quem acredite que ele foi feito com base no Teorema de topologia das quatro cores. Segundo esse teorema, quatro cores são suficientes para fazer qualquer mapa-mundi de forma que dois países da mesma cor nunca façam fronteira... mas vamos ao que interessa.

Hex é um jogo para duas pessoas ou dois times. O objetivo é conectar dois lados opostos do tabuleiro com fichas da sua cor. Seu oponente fará o mesmo, mas tentando conectar os extremos opostos aos seus. A cada turno, você coloca uma peça da sua cor em qualquer posição de um tabuleiro em formato de losango, geralmente de 11x11. No entanto, existem versões em 13x13, 19x19 e 14x14 — esta última recomendada por John Nash como a ideal.

Embora o foco seja alcançar o lado oposto, frequentemente você terá que abandonar sua estratégia para bloquear o adversário. Nas pontas do losango, algumas peças são neutras e podem ser utilizadas por ambos os jogadores.

A característica mais fascinante do Hex? Não há empates: alguém sempre vence. Mesmo sendo um bom estrategista, prever todos os movimentos é quase impossível. Simples, e poderoso.

Quando apresento o Hex em sala de aula, os alunos simplesmente não conseguem parar de jogar. Infelizmente, o jogo é pouco conhecido fora do meu círculo e difícil de encontrar à venda. No Brasil, há uma versão da Mitra, mas ela não se destaca no catálogo. Embora o princípio do Hex seja sedutoramente simples e ideal para gamehacks, ele é tão completo que não precisa de lore, temática, narrativa ou qualquer adição mecânica — e, na verdade, esses elementos poderiam atrapalhar, em vez de enriquecer o jogo.

Por isso, uso o Hex, junto com jogos como Bagha-Chall, Dou Shou Qi e Reversi, mais para distrair os alunos do que para inspirá-los. Apresento-o principalmente àqueles com uma forte noção de narrativa linear, os chamados redatores natos. Ao jogar um jogo com mecânica impecável, mas desprovido de história — um verdadeiro jogo abstrato —, suas mentes se abrem para novas possibilidades mecânicas, em vez de ficarem presas apenas à criação de novas histórias.

Faço o mesmo com *Eurogames*, com uma leve diferença. Normalmente, uso jogos com esse perfil para identificar determinados tipos de *comportamento humano*. Uso Dixit para perceber qual o tipo de criatividade que existe em determinados grupos de pessoas; o Coup, para saber o poder do blefe, o da mentira bem contada (em crianças de 10 anos de idade, por exemplo, funciona deliciosamente bem, pois é a idade onde a criança *aprende a mentir*); o Karuba e o Azul, para pensamento estratégico; o Ilha Proibida, para pensamento em equipe, o Ricochet Robots, para um pensamento estratégico complexo, o Jenga e o Dobble para uma despretensiosa festa em família; levo praticante todos os jogos da família pocket da Paper Games para viagens, e por aí vai.

Contudo, para o propósito deste livro, eu acabei escolhendo os jogos mais comerciais, aqueles que residem no repertório imagético de toda criança, especialmente se ela nasceu aqui no Brasil. Como o objetivo do livro é fornecer uma introdução, este pareceu ser o terreno mais firme, mais apropriado.

Seja bem-vindo ao mundo dos jogos! É um lugar onde cabe todo mundo. Eu repito isso com veemência. Enxergo, nos jogos de tabuleiro, um potencial democrático ainda maior que nos jogos digitais. O ferramental para se criar jogos de tabuleiro está aí, bem à mão: papel e caneta. Pense em todos os jogos que citei por aqui; No fundo, todos eles não passam de caixas e caixas de cartolina, mundos complexos feitos apenas com papel e um pouco de plástico.

Sentíamos a necessidade de uma metodologia própria, desenvolvida por nós, educadores da ludologia, que servisse como referência. Esta pesquisa, fruto de anos de estudo na PUC Minas e agora descrita neste livro, tem orientado não apenas entusiastas de jogos, mas também aqueles que, como Barragán sugere, veem o jogo como uma Pedagogia Cultural.

Ela é voltada para quem acredita que o sistema de ensino precisa de uma mudança, quer criar algo inspirador, melhorar a retórica de seus discursos ou oferecer aos alunos uma experiência lúdica mais rica.

Espero que a "receita prática", elaborada com muito cuidado nas páginas deste livro, inspire gamedesigners e entusiastas, experientes ou iniciantes, **a criar jogos capazes de transformar o mundo.**

Belo Horizonte, Primaveras de 2018 & 2024.

Meeple (feito usando o nosso modelo) pela aluna Letícia Inakazu, em 2016 no Curso de Jogos Digitais da PUC Minas.

CAPÍTULO ADICIONAL:
CRIANDO PARA ADVERGAMES E JOGOS EDUCATIVOS

Este capítulo adicional foi escrito ao perceber que temos um potencial não aproveitado em nossas mãos. Na verdade, ele surgiu de uma inquietação. Uma não, três inquietações, que vamos resumir em três cenas:

A primeira cena:
Uma tia está atrasada para o aniversário de sua sobrinha. Antes de ir para a festa, passa em uma loja de brinquedos. Decide comprar um jogo de tabuleiro. Mas ela não queria apenas um "jogo bobo, com algum personagem de um desenho da moda estampando a capa". Ela decide, então, verificar os jogos pedagógicos. Eles estão escondidos no fundo da loja, nas prateleiras inferiores. Nada a atrai. Ela sai da loja com algum jogo sobre coleta seletiva e algum brinde que vinha com o jogo (dois presentes em um)! Mas ainda não muito convencida que fez uma boa compra. Ela têm consciência que, no fundo, esse presente vai ser deixado de lado, às vezes antes mesmo de ser jogado.

A segunda cena:
Uma professora quer explicar para os alunos os benefícios de uma coleta seletiva de lixo. Resolve passar uma atividade lúdica: um jogo de tabuleiro, feito em EVA com uma "trilha ecológica", e pelo caminho, teremos cartas com perguntas sobre coleta seletiva. Vale ressaltar que O EVA é um tipo de plástico feito de petróleo, e uma vez moldado não pode ser remodelado; ou seja, nem um pouco ecológico.

A terceira cena:
Uma editora quer lançar para o mercado um jogo sobre os benefícios de uma coleta seletiva de lixo. Será mais interessante do que algo feito em EVA em uma escola, pensam. Estampam, na caixa, o nome do jogo: *Reciclando: um jogo educativo*. E ainda adicionam um texto em letras garrafais: "criançada antenada aprende tudo sobre coleta seletiva de forma divertida". Para fechar o pacote, (talvez já temendo um fracasso comercial) adicionam um brinde a quem comprar o jogo: uma garrafinha plástica. Para durar e deixar mais nobre a garrafinha, decidem fazer ela em plástico termofixo. Em tempo: basta procurar na internet, e você vai saber que este tipo de material é igual ao EVA: difícil de ser reciclado corretamente.

Qual é o problema em todas as três cenas? Poderíamos fazer uma lista. Mas o principal problema está no próprio processo de criação deste jogo, que não respeitou nem o que ele tenta pregar. Se nem eles se interessam no assunto, "a tia", por sua vez, se interessa menos ainda. Mas preferimos deixar essa reflexão "no ar", pois com certeza, vocês já presenciaram cenas bem parecidas. Como gamedesigners, é hora de refletirmos melhor sobre essas cenas que presenciamos.

As novas gerações convivem, no dia a dia, com uma cultura baseada em jogos e pequenas ludificações do cotidiano, sempre com a intenção de tornar a qualquer experiência mais sedutora. Por isso mesmo, um produto gerado exatamente para promover a educação e a retórica de conteúdo seria uma das soluções para uma demanda cada vez maior de canais de comunicação com as gerações mais jovens, centradas em tecnologia e que tendem a ter uma resistência ao aprendizado por meio das técnicas tradicionais de ensino.

É consenso que, para psicopedagogos e pedagogos de forma geral, jogos são uma parte ferramental de um composto chamado de Pedagogia Cultural. Jogos fariam parte de um conceito que abrange filmes, livros de ficção, música, jornais, e vários outros instrumentos que, sem o comprometimento pedagógico, tornam-se produtos mais sedutores para o consumo.

Porém, obviamente, não é papel dos jogos educarem. Se tem uma coisa para a qual o jogo educa primordialmente é a educação para o consumo. Mas, notadamente, expressa-se ali, no jogo, uma forma sedutora e uma ponte de diálogo que poderia existir na educação com mais frequência.

Jogos Educacionais (que, por uma melhor definição, iremos chamar daqui por diante de *Serious Games*) são jogos criados especificamente para atender a uma demanda de ordem 'educacional, com 'moral da história', ou mesmo algo de cunho motivacional. Apesar de quase todo jogo contemporâneo que apresente estrutura narrativa notadamente busca elementos de *Serious Games*, somente os compilados e demandados estritamente para este fim levam esse nome.

A questão norteadora é, sem dúvida, o fato de que a maioria dos *Serious Games* pecam em ter um discurso direto, uma pressa em enaltecer sua retórica. Essa mensagem acaba sendo vista como maniqueísta e acaba cerceando pecaminosamente o jogador do poder de *escolher* e *explorar seus caminhos dentro do jogo*, talvez a maior contribuição que o mundo dos jogos podem dar a uma pessoa. O design coercitivo e a temática engajada, tão importantes, também são deixados de lado, não participando de fato na construção de jogos dessa natureza.

Mas vamos falar de Serious Games

Resumidamente, tende-se a acreditar que *Serious Games*, como propósito inicial, são simplesmente *jogos sérios*; ou seja, não existe diversão ou entretenimento como propósito primário. Abt nomeou em 1987 os *Serious Games* como "jogos de propósito educativo explícito ou cuidadosamente planejado, e não concebidos para serem jogados primariamente como distração ou mero entretenimento". Talvez resida aqui a base de toda a dificuldade que ronda o conceito: *Serious Games* podem (e devem) entreter e divertir, ao inserir a mensagem, mesmo que isso realmente não seja o propósito primordial. *PeaceMaker* (ImpactGames, 2007), jogo digital no qual se vivencia o conflito entre Israel e Palestina, exemplifica a questão: "A diversão pode vir de muitos lugares. O objetivo de *PeaceMaker* é envolver o jogador em vez de somente divertir. Mas o primeiro passo é fazer com que os jogadores não vejam este jogo como irreal, infantil, tendencioso ou chato. Uma vez que eles são receptivos, eles podem absorver a nossa mensagem simplesmente por jogar junto. A lição do jogo está profundamente integrada para a jogabilidade. As decisões tomadas agressivamente ao longo do jogo te fazem perder; ganhar requer uma ação equilibrada e cuidadosa."

Pelos estudos de David Michael e Sande Chen, existem similares em outras mídias que passam uma mensagem de forma retórica, sem necessariamente expor seu 'propósito sério': "Em filmes, documentários são os mais óbvios 'Serious films'. No entanto o cinema dito mais popular também pode ser considerado 'sério', como em *O resgate do soldado Ryan*. Esse filme mostra o horror da guerra de um ponto bem mais pessoal. Na cena inicial, a mais poderosa do filme, você está lá, em um tanque anfíbio de portas fechadas, no meio do desembarque em solo inimigo. Você vê pessoas morrendo de repente, de forma brutal, e só pensa em como o soldado irá sobreviver a isso tudo. Poucos filmes mostraram de forma tão dramática o ponto de vista do soldado de infantaria."

Serious games seriam, então, por definição, "jogos que usam a mídia artística dos jogos para entregar uma mensagem, ensinar uma lição, ou promover uma experiência." Já Nick Iuppa e Terry Borst usam porventura o termo *Story-Driven Games*, algo como "Jogos Direcionados" (termo bem interessante, levando em consideração que o foco deste tipo de jogo não está na sua "sobriedade", e sim na sua mensagem passada de forma retórica, direcionada). Ian Bogost, um dos maiores nomes no estudo dos *Serious Games*, cunhou a expressão *Persuasive Games*.

É, no nosso entendimento, um termo mais apropriado também, pois lembra novamente algo feito para persuadir, deslocando o foco inicial em 'ser sério'. Salvador Gómez García, em seu excelente livro *Pueden los videojuegos cambiar el mundo?*, nega-se a definir uma forma em espanhol para *Serious Games*, pois considera que a pura e simples tradução – *Juegos* Sérios – não consegue corresponder às diferentes realidades que o tema evoca.

Os *Serious Games*, porém, são mais conhecidos pelo empenho (por vezes, até vergonhoso) em atender a demanda específica na qual ele foi previamente programado. Indo para exemplos em jogos digitais: na tentativa de disfarçar o caro investimento em um computador ou videogame, várias empresas empregaram o uso de *Serious Games* (*EduGames* em especial) para, quem sabe, 'justificar o investimento em um caro brinquedo'. São exemplos dessa prática os jogos *Fun with Numbers* (Atari, 1977) e *Basic Programming* (Atari, 1979), ainda no lançamento do Atari 2600. Apelos desses jogos para personagens de Videogames já consagrados também não faltaram, caso de *Mario Teaches Typing* (Interplay: PC, 1992). Esses jogos ajudaram a imprimir 'a má reputação' dos *Serious Games*, que explicitam sua forçosa didática já pelo título, de pouquíssimo apelo comercial.

O mesmo pode-se dizer dos *Serious Games* de tabuleiro: é comum encontrarmos nas lojas jogos com nomes como *Brincando com Tabuada*, *Binguinho de Letras*, ou mesmo *Vamos Reciclar*. Alguns até fazem uso de mecânica bem interessante, mas sempre em uma prateleira à parte ou abaixo dos grandes jogos de tabuleiro, sem destaque algum. Jogos dessa temática só ganham o devido aporte em casas especializadas em brinquedos educativos, mas o público que frequenta esses espaços já está previamente engajado em adquirir jogos dessa natureza.

Certos jogos conseguem ser usados para explicar melhor um ponto de vista ou enaltecer uma retórica, mesmo que eles não tenham sido criados originalmente para esse propósito. É a tal da Pedagogia Cultural manifestando-se. Os casos mais famosos englobam o uso do Xadrez (ensino de estratégia e tática) e, de forma mais evidente pela própria temática, os jogos Banco Imobiliário e o Jogo da Vida para noções de economia e sociedade.

Existem, notadamente, jogos que transcendem esse tema, sendo excelentes *Serious Games* "ocultos", ou seja, que não explicitam seu caráter retórico e acabam sendo sucessos de venda e público sem se valer de tal propaganda. O exemplo mais notável, provavelmente, é o do jogo digital *Paciência* (*Solitaire*, PC Windows 3.0, 1990). Um dos títulos mais jogados do mundo (principalmente por ser um jogo disponibilizado gratuitamente já nas primeiras versões do Windows pela Microsoft), o objetivo principal do jogo não era, como se pensava, ordenar as cartas em naipes. Tratava-se de 'quebrar o gelo' de um intimidador sistema operacional, fazendo ainda com que o usuário aprendesse os comandos básicos do uso do mouse (apontar, clicar e arrastar). A Microsoft, ao criar Paciência e Campo minado, tinha então o intuito de inserir um *Serious Game* por meio de um engenhoso 'Cavalo de Tróia'; milhões de pessoas jogaram o jogo (escondido dos seus chefes no trabalho, inclusive) sem saber que na realidade estavam sendo treinados para operar habilmente computadores por meio do uso exaustivo do mouse.

Esse elemento '*Serious Game oculto*' pode ser vislumbrado de várias formas e é cada vez mais presente, inclusive nas franquias de jogos de sucesso comercial. Os jogos digitais da série *Lego*, por exemplo, incentivam a criança a procurar soluções criativas para problemas do seu mundo e estimulam severamente a cooperação entre seus indivíduos, senão o jogo não se completa. O modo de jogabilidade baseado em *drop in/out* (algo traduzido literalmente como a capacidade do segundo player 'entrar e sair do jogo quando quiser') é constantemente usado para os adultos entrarem no mundo onde a criança está, ajudando-o momentaneamente a resolver pequenos problemas e puzzles e apoiando seu progresso. Já o colecionismo, muito presente na franquia Lego, acaba ensinando desde muito cedo grandes noções de economia (por exemplo, se o jogador quiser um helicóptero ou desbloquear certos personagens, ele aprende pelo prisma do próprio jogo que não se pode gastar muito com coisas menores). Já Jogos Digitais de natureza mais adulta, como *Papo & Yo* (Minority, 2013), *Brothers* (Starbreeze, 2013) e *Journey* (Thatgamecompany, 2012) trabalham de forma lúdica questões bem complexas, como alcoolismo, relações familiares e a morte. Aliás, sobre o tema do suicídio, sempre alertei que a grande mídia deveria se debruçar sobre o impacto de Jogos como *Life Is Strange (Dontnod 2015)*, e não em bobagens como *Baleia Azul* (que nem era jogo). Na época, *13 Reasons Why* (Netflix, 2017) fazia enorme sucesso, e eu argumentava que em *Life Is Strange* a experiência de estar "tão perto e tão longe" de ajudar alguém à beira do suicídio era ainda mais impactante. Isso porque o jogo não oferece uma experiência passiva, como a série, mas uma vivência diretamente moldada pelas suas ações e escolhas, fazendo com que o peso emocional recaia sobre o jogador de forma muito mais intensa.

Franquias comerciais consolidadas como o *Just Dance 2016* (UbiSoft, 2015) oferecem músicas especiais para cadeirantes, disfarçadas na música-tema da *Pequena Sereia*

(Under the Sea), ou em coreografias dentro de um carro, caso da música Teacher. Curioso notar que não existe nenhum material promocional na capa desse título que ressalte este elemento de inclusão

A rigor, salienta-se que, desde muito cedo, existem Serious Games, sejam eles analógicos ou digitais. O próprio Xadrez foi considerado por muitos anos um Serious Game, pela sua própria natureza bélico-tática. García destaca que o Xadrez só começou a declinar como bom treinamento de tática de guerra no início do século XX, defasado perante a progressiva complexidade dos combates reais e a popularização da arma de fogo nos combates. Kriegsspiel (Jogo de Guerra, em tradução simples), jogo criado por Von Reiswitz para substituir o Xadrez como treinamento militar em 1812, consistia em oferecer, por meio de uma simulação lúdica, ensinamentos preciosos de guerra para os oficiais prussianos; já H.G. Wells, logo após contar em prosa sua Guerra dos Mundos, aventurava-se em jogos de tabuleiro instrucionais/educativos com o Little Wars, expandindo, ainda na década de 1910, o conceito de Learning through play (jogar/brincar enquanto aprende, em tradução simples). É interessante o parâmetro divisor desses dois jogos, que denota potencialmente o caráter de propaganda dos Serious Games: enquanto Kregsspiel é um instrumento de engajamento na filosofia militar, Little Wars simplifica a mecânica original do Kregsspiel para se pensar sobre a guerra (sendo o H.G. Wells um notório pacifista). Curiosamente, também temos como marco inicial dos Serious Games em jogos digitais um Wargame: Battlezone (Atari, 1980), jogo criado sob encomenda para treinamento do exército norte-americano.

O fato dos primeiros Serious Games serem precisamente Wargames não é simples coincidência. O Serious Game digital tido por muitos como o mais bem sucedido da história, America's Army (US Army, 2002), também é um Wargame, o que nos leva a crer que desde muito cedo jogos são entendidos pelas forças armadas como ferramentas poderosas de treinamento, engajamento e, sobretudo, persuasão ideológica. De fato, é o setor que historicamente precisa da persuasão; pois, sem engajamento ideológico, não existe sentido para a luta e, consequentemente, não há esforço de guerra.

Gómez García, ainda no seu livro Pueden los videojuegos cambiar el mundo?, salienta pontos interessantes de America's Army:

• Ele é, de fato, um instrumento ideológico de persuasão: de certa forma, o gamedesign responde a um engajamento dos valores que o exército considera como apropriados por meio das ações desenvolvidas pelo jogador. Exalta-se, na história e na mecânica do jogo, o acrônimo LDRSHIP (Leadership: Loyalty, Duty, Respect, Selfless Service, Honor, Integrity and Personal Courage). Já nas próprias regras desses jogos, existe uma pista clara de como oferecer uma construção ideológica do mundo mediante suas mecânicas.

- Trata-se, sobretudo, de valores ocidentais: America's Army foi um modelo copiado por jogos de diversos países árabes, que não se sentiram 'representados' pela ideologia do jogo e quiseram mostrar sua visão/versão de determinados conflitos.
- America's Army foi pensado, obrigatoriamente, para ser divertido e comercial. Um sistema de treinamento divertido significa manter os soldados interessados de forma voluntária, inclusive levando-os a jogar fora do horário do treinamento, em seu tempo livre. Por isso, foi feito segundo os mesmos parâmetros de um jogo Blockbuster, com planejamento de vendas e estratégias de lançamento e consumo. Uma estratégia que acaba ilustrando bem este fato é a ausência de sangue, fundamental para o jogo obter classificação T (Teen), que abraça o público alvo, mas é desconforme com a 'realidade' que a temática do jogo sugere.
- Adota-se, ainda, o discurso de 'empoderamento' ao se referir ao jogador que assume o papel de soldado dos Estados Unidos da América.
- Como resultado, duas das terminologias mais populares ao se referir a America's Army foram 'ferramenta de recrutamento' e 'Advergame.'

Ou seja, *America's Army* acaba sendo um excelente exemplo de como um *Serious Game*, mediante o uso de ferramentas para torná-lo mais comercial, acaba sendo mais bem sucedido em persuadir sua ideologia e acaba, por isso, sendo "nomeado como *Advergame*". Ou seja, *Serious Games* seriam, também, uma tradução direta de um instrumento de comunicação persuasiva, embalada por uma estratégia de consumo. Nota-se, aqui, que os mesmos recursos que criam um *Advergame* aplicam-se a um *Serious Game* tido como sucesso.

É consenso o poder dos *Serious Games*, mas não é consenso o fato de que o discurso deveria ser embalado para ser consumido de forma mais interessante. David Michael e Sande Chen transcreveram, no livro *Serious*

Games: Games that educate, train, and inform, um importante relato:

Henry Jenkins e Kurt Squire, co-diretores do *Education Arcade*, realizaram uma pesquisa com alunos do MIT sobre jogos educacionais. As respostas foram previsíveis: a maioria achava esses jogos fracos e incapazes de competir com os comerciais em termos de gráficos, áudio e jogabilidade. Apesar desse pessimismo, Jenkins e Squire afirmaram que "não é verdade que não existam bons jogos educativos; o problema está em quem os desenvolve, que muitas vezes não entende o meio." Há, na educação, a crença de que os próprios educadores podem criar jogos eficazes, mas nem todos são bons gamedesigners. Para que jogos sérios façam diferença na sala de aula, é fundamental envolver desenvolvedores experientes. No entanto, essa colaboração precisa ser mútua: gamedesigners e educadores devem trabalhar juntos para garantir que o jogo tenha valor pedagógico e seja preciso em seus objetivos.

Entende-se, então, que uma saída possível para uma maior aceitação dos *Serious Games* é seu completo engajamento e aceitação das ferramentas que encontramos no marketing, o que o renomearia, pelo menos em taxonomia, como uma espécie de *Advergame*.

Se não forem adotadas estratégias já implantadas em séculos de existência em produção publicitária e marketing, *Jogos Sérios* correm o risco de para sempre subsistirem numa espécie de 'limbo didático', usados sempre com a promessa de serem instrumentos interessantes, mas igualmente 'chatos e enfadonhos' na experiência de se jogar.

É como se existisse uma regra impedindo *Serious Games* de assumirem que estão tentando passar uma retórica ao serem jogados. Acabam, talvez por vergonha da aceitação enquanto enorme produto comercial, abandonando estratégias e instrumentos já consagrados pela Comunicação e Marketing.

E o problema é mais complexo ainda, pois o oposto também confere: adotam por vezes uma postura de evidenciar da forma mais clara possível qual o seu caráter persuasivo/educativo (e consequentemente 'matam' seu potencial criativo, sua Lore Quest, por meio de um didatismo forçado, seja no seu nome (que geralmente é composto por um gerúndio de ação + razão de existir, como *brincando com a matemática*), seja a mecânica que empurra o jogador para apenas um lugar que estava expresso já no seu enunciado. "Aprender brincando", convenhamos, não é um bom slogan. Que o diga um dos melhores livros sobre esse tema, *A Theory of Fun for Game Design*.

Quiz Games como mecânica investigativa para *Serious Games*, então... tem que tomar muito cuidado.

Uma vez, nos foi apresentado em um renomado congresso de jogos digitais um jogo de vôlei de praia. Ao dar o saque, a tela congelava, e surgia o enunciado: "descreva a parábola da trajetória até atingir o outro lado do campo". Caso o cálculo fosse o certo, a tela saia do *Pause* e a bola ia para o outro lado do campo. Antes do segundo jogador receber a bola, nova interrupção: desta vez, "pedindo para descrever a parábola do retorno." Os jogadores, coitados, em 5 minutos de gameplay, já imploravam pelo "fim da tortura em formato de jogo", e chegavam a pedir a confecção de uma prova escrita.

Ao criarmos 'jogos sérios', estamos apenas potencializando e direcionando recursos que naturalmente já temos à mão. Não se trata apenas de criar jogos 'sérios' no sentido da palavra, ou mesmo jogos com lição de moral ou que sigam algum propósito de retórica. Engana-se quem pensa em produzir jogos dessa natureza apenas e particularmente pela mensagem contida neles. Reside em quase todos os bons jogos comerciais uma proposta retórica, algo a se pensar enquanto se joga.

Mário Quintana, famoso escritor brasileiro, proseou a seguinte frase em *Não despertemos o leitor*: "Os leitores são, por natureza, dorminhocos. Gostam de ler dormindo. Autor que os queira conservar não deve ministrar-lhes o mínimo susto. Apenas as eternas frases feitas." Podemos levar isso para os níveis de consumidor que queremos atingir com um Serious Game: O consumidor dorminhoco vê o jogo, mas não interpreta o que viu; O semidesperto vê e desconfia que tem algo diferente ali, mas não se importa; O jogador atento vê e pesquisa para ver se o que viu é verdade. Porém, o criador de *Serious Games* deveria trabalhar com a ideia de atingir todos os tipos de jogadores e não tentar acordar seu público desesperadamente, alarmando de todas as formas possíveis o propósito doutrinador do seu jogo.

Então... como produzir bons Serious Games?

Para fechar este capítulo especial, salienta-se que são necessárias, no mínimo três pessoas para a produção e distribuição de um bom *Serious Game*:
- o game designer: capaz de conceber um projeto de jogo e executá-lo de forma profissional em todas as suas etapas;
- o psicopedagogo ou pesquisador formado na área planejada: entendedor e mediador primordial do discurso que o jogo irá apresentar;
- o profissional de publicidade, propaganda e Marketing: imprescindível pelo seu modo de ver um produto enquanto potencial comercial. Cabe a ele 'embalar o produto' e estabelecer uma estratégia para que ele possa ser consumido da melhor forma possível.

A publicidade, a propaganda e o marketing deveriam entrar definitivamente como um modelo (e não um modo) no processo da inclusão do poder sedutor dos jogos para melhorar a vida humana.

Logicamente, o caminho de divulgação de um bom jogo educativo acaba quase o oposto de um jogo comercial. Imprima, mostre, deixe que o seu jogo ganhe o mundo. Quanto mais as pessoas (principalmente os professores, os psicopedagogos, os psicólogos, etc.) conhecerem e poderem usar o seu jogo, melhor.

O fato dele ser PnP melhora, e muito, o trabalho de multiplicar o jogo para vários grupos. Já usamos esse método em sala de aula e foi muito mais fácil replicar o jogo para cinco grupos de quatro alunos, do que fazer apenas um jogo grande e artesanal para um revezamento caótico de um grupo de 20 ou 30 alunos.

Valem também todas as dicas ditas até aqui sobre a duração e a complexidade dos jogos que podem ser feitos sobre esta demanda. Reforçando:

Faça jogos que durem pouco tempo. A ideia é que seus jogadores entendam o conceito rapidamente, para daí partir para o "ataque de conteúdo, forma e significado."

Mas lembrem-se de que o foco do jogo dessa natureza NÃO É a retrojogabilidade. Não é necessário que um grupo jogue muitas vezes seu jogo, pois a ideia é apresentar o jogo para o maior número de grupos possível. Entenderam a diferença?

Vários alunos meus produzem Serious Games de tabuleiro. Em

um exemplo mais recente, fizeram um jogo para auxiliar no ensino da matemática em uma escola carente. Coisas a ressaltar: não usaram uma mecânica de Quiz; o cenário era em Rogue Like, montado de forma procedural (ou seja, beneficiando, e muito, uma retrojogabilidade); a equação matemática era necessária para adquirir cartas de Power Ups, fundamentais para avançar na partida. Não se usavam dados.

Resultado: na primeira sessão de playtest, os alunos se atrasaram para a aula seguinte, pois não queriam parar de jogar um jogo sobre matemática!

E encheram o professor aqui de orgulho.

Outro ponto importante a ressaltar, que o diferencia de jogos de tabuleiro comerciais, é a forma como jogos educacionais podem ser apresentados aos jogadores. Nada de dizer, de cara, o propósito do experimento de jogo sério, cujo objetivo é que eles percebam isso e aquilo etc. Evitem associar apressadamente causa e significado. Deixem que os alunos se envolvam. Inclusive, cabe aqui uma dica (bem diferente, por sinal) dos demais jogos que mostramos aqui:

Se puder, conduza. Seja o mestre de cerimônias, e use o seu jogo para introduzir e potencializar um diálogo persuasivo.

Ou seja, potencialize a ideia de um *storydriven* game. Dirija o jogo, dite as regras principais, omita certos entendimentos do resultado do *gameplay*. Deixe que os alunos sintam que perderam ou ganharam o jogo de acordo com as escolhas que fizeram.

Meus alunos certa vez fizeram um jogo educativo cujo final era sempre a morte do personagem e a destruição em fogo da mata. O objetivo não era salvar a floresta, apesar de estar impresso em várias partes do jogo que era esse o objetivo. Dava até para sobreviver por um bom tempo, mas o destino era inevitável. Ao adicionarmos novos jogadores ao jogo, o jogo ficava "mais fácil". Mas o destino inevitável da partida persistia, pois o objetivo não era salvar a floresta: era fazer com que você notasse que é uma tarefa impossível de se fazer sozinho, e o que pode ser feito para minimizar o impacto de uma força inevitável.

Por mais Serious Games com finais infelizes assim. E por mais Serious Games longe da parte baixa das prateleiras. Lá não é o lugar deles. Mas temos que fazer algo para que eles não tenham vergonha de existir.

GLOSSÁRIO DE TERMOS

O Jogo de Tabuleiro, por si só, representa um curioso e divertido desafio de definição do termo. Representa, à princípio, todo jogo que faz uso de componentes físicos para estabelecer um sistema regido por regras. Tabuleiro é a palavra que representa o suporte a ser jogado, não necessariamente um espaço reticulado, um tabuleiro propriamente dito, mas o local onde ele é jogado, no caso, a mesa ou suporte plano. Por esta lógica, jogos de cartas também fazem parte de jogos de tabuleiro. Porém, o termo tabuleiro por vezes refere diretamente ao tabuleiro mesmo, o que causa enorme confusão em colocar jogos de cartas no mesmo termo. Boardgame, "jogo a bordo de algo", em tradução livre, faria referência a um jogo que está montado sobre uma mesa; mas Jogo de Mesa no Brasil representa popularmente um conjunto de toalhas de mesa, que servem para comer, não para jogar.

Jogo Analógico também é um termo utilizado para descrever jogos de tabuleiro. Trata-se de um termo equivocado, usado como analogia contrária a Jogos Digitais. Porém, Analógico não é o contrário de Digital; se fosse para usar um antônimo, teríamos que usar a palavra Físico. Porém, surgem dois problemas: jogos de tabuleiro não são o contrário de jogos digitais; representam, na verdade, um conceito muito parecido que se manifesta em mídias distintas; e Jogos Físicos poderiam dar a entender que trata-se de Jogos Corporais, que usam músculos, como os usados na Educação Física.

Para completar, o termo também segue com sua complexidade mundo afora: em espanhol, quase não se usa o termo Juegos de Tablero, prefere-se o termo Juegos de Mesa. Porém, em países latino-americanos como o Uruguai, esse termo refere a outro jogo que usa uma mesa, o Tênis de Mesa, que chamamos aqui popularmente de Pingue-Pongue. Os uruguaios preferem o termo Juegos de Caja, o que também podem gerar confusão, pois jogos podem vir não só em caixas, mas em sacolas, latas, etc. Neste livro, optou-se pelo termo considerado mais fácil: Jogos de Tabuleiro, pois ele permite poucas inflexões de taxonomia e está em português.

Ao escrever esse livro, percebemos também que o meio está recheado de termos estranhos para ouvidos iniciantes. Portanto, segue um glossário prático.

Advergame
Jogo com retórica comercial, de publicidade e propaganda.

Ameritrash
Lixo Americano, em tradução livre. Ver Amerigame.

Amerigame
Jogos com grande apelo comercial. Priorizam muito a temática e o fator sorte.

Balanceamento
Estabelecer um equilíbrio entre as mecânicas da partida, de forma que não penalizem ou bonifiquem demais os jogadores.

Board Game
Ver Jogo de Tabuleiro.

Círculo Mágico
Descrição lúdica que aponta o momento em que o jogador está envolvido no sistema do jogo, a ponto de deixar de executar as tarefas ordinárias e passa a vivenciar a experiência da partida.

Componentes
Materiais necessários para jogar um determinado jogo de tabuleiro

D#
Dados de faces, como D4, D6, D10 , D12 ou D20, sendo o mais comum o D6. Pode ter números arábicos ou o tradicional, com pontos. A soma dos seus opostos deve ser sempre o seu valor total mais 1. Se ele não obedece esse padrão, trata-se de um dado de progressão, usado para marcar pontos.

Deck Building
Preenchimento de uma espécie de armário de itens a serem conquistados.

Design Trick
Truques e soluções de Design para tornar a experiência mais interessante e divertida

Design Trick
Truques e soluções de Design para tornar a experiência mais interessante e divertida

DLC
Do inglês "downloadable content", é um conteúdo adicional para jogos.

Dropar
Termo aportuguesado, usado para definir um descarte ou perder itens. Quando itens ou personagens dropam no jogo após um evento, usa-se outro termo em inglês: Spawn.

Eurogame
Termo usado para definir jogos produzidos no estilo europeu. Notam-se por tentar anular o fator sorte em sua mecânica, priorizar ações por turnos, alocação de recursos, e partidas de longa duração.

Euro leve
Termo usado para definir jogos Eurogames de pequeno porte, partygames, e partidas

de curta duração como um todo, utilizando mecânicas interessantes e fáceis de aprender.

Game Juice
Truques usados para melhorar a experiência entre sistema de jogo e jogadores.

Gamedesign
O Design de Jogos digitais e de tabuleiro.

GameHack
Apropriar-se de parte ou todo um jogo para atender uma retórica distinta da original. Podem também ser chamados de Jogos Temáticos, ou FanGames.

Gameplay
Jogabilidade; soluções que o jogador executa frente aos desafios e regras impostas pelo sistema do jogo.

Gênero
Definição de gôndola comercial; Enquadramento de sistema e mecânicas que tornam um jogo parte de um grupo seleto de jogos que possuem igual natureza.

Home Made
Feito em casa; neste caso, termo usado para descrever soluções caseiras de apropriação de uma regra original.

Jogabilidade
Ver Gameplay

Jogo Abstrato
Jogo sem temática aparente, que faz uso, no máximo, de simbologia simples para uma narrativa que prioriza apenas a mecânica de jogo. Não confundir com Jogo Clássico.

Jogos clássicos
Jogos abstratos, ou não, que são considerado patrimônio cultural da humanidade, por povoarem o imaginário coletivo. Não necessariamente são jogos milenares, apesar de estarem, quase todos, com ais de cem anos de idade. O xadrez, assim como o Gamão e o Ludo, são considerados jogos clássicos. O termo pode ser dado aqui no Brasil a jogos comerciais que são vendidos há mais de vintes anos, casos do War, Detetive, Banco Imobiliário e Jogo da Vida.

Jogos Comerciais
Jogos comercializados por uma produtora/editora

Learn to play
Aprender para jogar; termo usado para definir uma jogabilidade que é assimilada de forma fluida.

Level Design
ver Balanceamento.

Lore
Lore seria uma espécie de narrativa engajada no gameplay de um jogo, fazendo com que ele tenha uma roupagem retórico-narrativa. Temática engajada.

Mecânica
É o conjunto de ações que determinam o que o jogador pode realizar no jogo.

Meeple
Acrônimo de My People. Termo usado para definir os marcadores que representam o jogador na partida. Neste livro, adotamos o termo Peão, mais comum e popular.

Mockup
Jargão da Publicidade, é uma imagem-simulação de um protótipo finalizado. Muito utilizado para protótipos ainda não impressos/acabados.

Mundo aberto
Todo campo reticulado corresponde ao espaço, finito, onde o sistema do jogo reside. Portanto, mundo aberto é a ideia de oferecer ao jogador uma exploração aberta, como o intuito de dar a falsa sensação que este campo reticulado é infinito.

NPC
Personagens não controláveis, que estão no sistema do jogo. Quando eles tomam ações na partida, são controladas pela IA (Inteligência Artificial) do próprio jogo.

PackShot
Jargão da Publicidade, consiste em tirar fotos do jogo montado. Usados normalmente na tampa traseira da caixa, serve para exibir para os possíveis compradores como o jogo é uma vez montado.

Partida
Como é chamado o processo de jogar um jogo do começo, ao fim.

Party Games
Jogos para Festa: dotados de mecânicas e jogabilidade simples, sendo rápidos de aprender, são jogos que reúnem um grupo de pessoas em torno de um desafio dinâmico.

PC
Personagem controlável. São os personagens disponíveis dentro do sistema do jogo para serem controlados pelos jogadores.

Peão
Ver Meeple

Plataforma
Mídia específica, espaço/sistema dedicado a receber determinado jogo.

Playset
Acrônimo de Sistema Jogável/para jogo: termo usado para determinar um determinado sistema de ferramentas para desenvolvimento de um produto (em inglês, ainda temos em jogos digitais a sigla SDK: Kit de desenvolvimento de software). Neste livro, simplificamos o termo para *Moldes*

Playtest
Acrônimo de Teste jogável/para o Jogo: termo utilizado para definir os testes pelos quais o jogo passa em seu processo de desenvolvimento.

PnP
Print And Play: jogo disponibilizado em PDF para ser impresso em folhas A4, fácil de ser replicado em uma impressora caseira.

Power Up
Usado para descrever algo de uso imediato e dinâmico. Em termos mais simples, em jogos de tabuleiro podemos chamar power ups de diretrizes.

Protótipo
O jogo em estado embrionário; em fase de testes.

Punchboard
Fichas e cartas normalmente fixadas no suporte que foi impresso, e apenas perfuradas, prontas para serem destacadas pelos jogadores quando abrem o jogo pela primeira vez.

Quiz Games
Jogos de perguntas e respostas

Reprint
Relançamento comercial de um jogo.

Retrojogabilidade
Possibilidade ofertada pelo jogo para ser jogado de forma diferente a cada partida.

Rodada
Ciclo de turnos a ser executado por cada jogador que integra uma partida. Quando todos os jogadores executam, a sua vez, as ações do jogo, passa-se uma rodada.

Rogue Like
Consiste na construção de um cenário procedural por meio de tiles (peças) pré-dispostas.

RPG
Role-playing game, termo traduzido em português como "jogo de interpretação de papéis" ou "jogo de representação".

Serious Game
Termo que define jogos com temática retórica e obedecem uma demanda específica.

Sleeves
Sacos plásticos feitos sob medida para proteger as cartas de um jogo.

Storydriven game
Jogos dirigidos; em jogos de tabuleiro, são jogos que normalmente são conduzidos por um mestre de cerimônia.

Storytelling
A história a ser contada. Termo usado para definir a narrativa presente em um produto/jogo.

Tastemakers
Testadores de produtos/serviços, conferindo, através do seu testemunho, uma crítica (positiva ou negativa) do material experimentado. O termo Digital Influencer também é utilizado.

Turno
Conjunto de ações que o jogador pode fazer na sua vez.

Unboxing
Ato de abrir o jogo pela primeira vez.

REFERÊNCIAS

BARRAGÁN, C. *Medios masivos de comunicación y su influencia en la educación*. Disponível em: http://www.odiseo.com.mx/bitacora-educativa/medios-masivoscomunicacion-su-influencia-educacion/. Acesso em: 10 mar. 2016.

BELL, R. C. *Board and table games from many civilizations*. New York: Dover Publications, 1979.

BELL, R. C. *The boardgame book*. Los Angeles: Knapp Press; New York, 1979.

BOGOST, I. *Persuasive games*: the expressive power of videogames. New Media/Game Studies, 2007.

DONOVAN, T. *It's All a Game*. [S. l.]: Macmillan, 2017.

FERNÁNDEZ, Laura. «Libro de axedrez, dados e tablas. Ms. T-I-6. Real Biblioteca del Monasterio de El Escorial. Estudio Codicológico». Scriptorium, 2010, pp. 69-116. Disponível em: https://eprints.ucm.es/.

GAME-BOARD | British Museum. Disponível em: https://www.britishmuseum.org/collection/object/Y_EA66216.

GÓMES GARCÍA, S. *¿Pueden los videojuegos cambiar el mundo?* Unir, 2014.

GOOD GAMES AUSTRALIA. The Oldest Board Games in the World - Good Games. Disponível em: https://www.goodgames.com.au/articles/the-oldest-board-games-in-the-world/#:~:text=3000%20BCE%20%E2%80%93%20BACKGAMMON&text=The%20very%20earliest%20games%20that. Acesso em: 24 ago. 2024.

GREGORY, D. et al. *What Board Games Mean To Me*. [S. l.]: Simon and Schuster, 2023.

HOWARD, Jeff. *Quest*: design, theory, and history in games and narratives. A K Peters, 2008.

HUIZINGA, Johan. *Homo Ludens*. São Paulo: Perspectiva, 1980.

IUPPA, N.; BORST, T. *Story and Simulations for Serious Games*: Tales from the Trenches. Focal Press, 2007.

RETONDAR, Jeferson. *Teoria do jogo*. [S. l.: s. n.].

Jogos de cartas. São Paulo: Ed. Abril, [s .d.].

KOSTER, Raph. *Theory of fun for game design*. 2. ed. Sebastopol: O'Reilly, 2013.

KOTLER, P. *Administração de Marketing*. São Paulo: Prentice Hall, 2000.

LESKY, Albin. *A tragédia grega*. Coleção Debates. São Paulo: Ed. Perspectiva, 2010.

LUDOPEDIA - Portal de jogos de tabuleiro. Disponível em: https://ludopedia.com.br.

DU SAUTOY, Marcus. *Around the World in 80 Games*. [S. l.: s. n.].

MCGONIGAL, Jane. *A Realidade Em Jogo*. Best Seller, 2017.

MEHEN GAME BOARD. Disponível em: https://fitzmuseum.cam.ac.uk/explore-our-collection/highlights/EGA44641943.

MICHAEL, D.; CHEN, S. *Serious Games*: Games that educate, train, and inform. Course Technology: CENGAGE Learning, 2005.

PARLETT, D. *The Oxford History of Board Games*. Oxford: Oxford University Press, 1999.

ROGERS, Yvonne; SHARP, Helen; PREECE, Jennifer. *Design de interação*: além da interação homem-computador. 3. ed. Porto Alegre: Bookman, 2013.

SALEN, Katie; ZIMMERMAN, Eric. *Rules of Play*: Game Design Fundamentals. Cambridge: MIT, 2004.

SCHWEIZ TOURISMUS. Musée Suisse du Jeu | Suíça Turismo. Disponível em: https://www.myswitzerland.com/pt/experiences/musee-suisse-du-jeu/. Acesso em: 24 ago. 2024.

SHELDON, Lee. *Desenvolvimento de personagens e de narrativas para games*. Cengage, 2017.

SILVIO, Edgard. *Os melhores jogos do mundo*. [S. l.]: Abril, 1978.

BÓRQUEZ, Tomás H. M. Díaz. *Breve Historia de los Juegos de Mesa*. [S. l.]: Indepen. Published, 2023.

WILLIAMS, Robin. *Design para quem não é designer*. São Paulo: Ed. Calis, 1995..